Ludwig Völkel

Über den grossen Tempel und die Statue des Jupiters zu Olympia

Eine Erläuterung der Beschreibung des Pausanias

Ludwig Völkel

Über den grossen Tempel und die Statue des Jupiters zu Olympia
Eine Erläuterung der Beschreibung des Pausanias

ISBN/EAN: 9783742893789

Hergestellt in Europa, USA, Kanada, Australien, Japan

Cover: Foto ©ninafisch / pixelio.de

Manufactured and distributed by brebook publishing software (www.brebook.com)

Ludwig Völkel

Über den grossen Tempel und die Statue des Jupiters zu Olympia

Ueber den

grofsen Tempel und die Statue

des

Jupiter zu Olympia.

An fehr wenig Orten in Griechenland waren fo viele und fo merkwürdige Denkmähler der Religion und der Kunſt zuſammen gehäuft, als in Olympia, einem kleinen Bezirk von Piſatis oder dem Piſäer Lande, welches in der fpätern Zeit einen Theil von Elis machte [a]). Olympia lag zwiſchen den zwey Flüſſen Alpheus und Cladeus.

[a]) Strabo VIII. 519 B. 544. B. Pindar und andere Dichter nennen oft Piſa ſtatt Olympia. Beyde Wörter find aber deswegen nicht gleichbedeutend, noch find ſie beyde Nahmen einer und derſelben Stadt, wie Barthelemy ſagt, Voyage ch. 38. Olympia war

A ein

Cladeus. Jener entspringt in Arca̅dien, und fließt dicht an Olympia vorbey *b*); der viel kleinere Cladeus, deſſen Quelle in der Nähe ist, begränzt Olympia von der andern Seite, und vereinigt ſich mit dem Alpheus *c*). In der älteſten Zeit war hier auf dem croniſchen Hügel ein Altar Jupiters mit einem

ein Stück von Piſſa; den Nahmen hatte es von dem Berge Olympus in dieſem Lande. Strabo l. l. 546 A. Kein alter Schriftſteller, ſo viel ich weiſs, giebt es als eine Stadt an, ſondern alle bezeichnen damit den heiligen Hayn und den Ort, wo die Spiele gehalten wurden. Piſa aber war eine Stadt in dem Diſtricte Olympia, Stephanus Byz. de vrbibus πίσα, und lag 6 Stadien (nicht eine völlige halbe Stunde) von dem Hayn. Schol. Pind. Olymp. X. 55.

b) Strabo VIII. p. 527. B. 528. A. Pauſan VIII. 54. Pindar. Olymp. 9, 29. 30. 8, 12.

c) Pauſ. V, 7. Xenophon hiſt. gr. VII, 4, 29. wo er κλάδαος heiſst. Pauſ. ſchreibt ihn auch κλάδαιος V, 15.

einem berühmten Orakel; eine Familie, die Jamiden, oder Nachkommen des Jamus, weiſſagten aus dem Fleiſche der Opferthiere, die dem Jupiter darauf geopfert wurden *)*. Dieſem Orakel aber nicht ſowohl, welches zu Strabo's und Pauſanias Zeit aufgehört hatte, als den feyerlichen Spielen verdankte Olympia ſeinen groſsen Ruf, ſeinen Reichthum und ſeine Pracht. Reiche Griechen, ganze Städte und Völker, weihten dem olympiſchen Jupiter, welchem zu Ehren die Spiele in Olympia gehalten wurden, koſtbare Geſchenke, meiſtentheils Statüen oder andre Kunſtwerke. Viele davon wurden im Freyen oder in einem der Tempel aufgeſtellt; andre wurden in beſondern dazu aufgerichteten Gebäuden (Θησαυροις) aufbewahrt.

) Pindar. Olymp. 6, 110. folg. Ol. 8, 3. 4. 12. Pauſan. VI, 2. Strabo VIII. 542. Cicero de Diuin. I. 41.

bewahrt. Der heilige Hayn des Jupiters von wilden Oehlbäumen, die Altis genannt*), welcher mit einer Mauer eingeschlossen war*f*), faßte diese Geschenke, so wie auch die vielen Statuen der olympischen Sieger in sich. Es gieng die Sage, Hercules habe ihn seinem Vater abgesteckt, und umzäunt; er habe die Oelbäume aus dem Hyperboräer Lande geholt, und daselbst gepflanzt *g*). Die Eleer, welche Pisäa sich unterwürfig gemacht hatten, baueten nach und nach mehrere Tempel in der

e) Pausan. V. 10. Altis ist eben das, was ἄλσος. Pausanias führt den Pindar an, der den Hayn in einer Ode auf einen olympischen Sieger so nenne. Dies ist Ol. 10, 55. Der Nahme kommt auch bey dem Xenophon und andern vor.

f) Pauf. V. 24. 25.

g) Pind. Ol. 3, 24. folg. 10, 51 f. Pauf. V, 7. Einige erzählten dies vom thebanischen Hercules, andre von dem idäischen.

der Altis auf, den Tempel der Juno *h*),
das Metroon oder den grofsen Tempel
der Mutter der Götter Vefta *i*), den noch
gröfsern des Jupiters, und den der
Ilithyia *k*); fie errichteten ferner dafelbft ein Prytaneion, oder Verfamm-
lungs - Haus des Senats *l*), worinnen
auch die Sieger bewirthet wurden, ein
Theater *m*), das Pelopium, oder dem
Pelops zu Ehren geftiftete Gebäude *n*),
und Porticos *o*), unter welchen einer
der Säulengang des Wiederhalls hiefs,
weil der Schall darinnen fiebenmahl
wieder

h) Pauf. V, 16.
i) id. V. 20. Beyde waren von dorifcher Bauart. Xenophon hift. gr. VII. 4, 31.
k) Pauf. VI, 20.
l) Pauf. V, 15. Xenophon l. l. der es, wie
auch Pauf. Βουλευτήριον nennt.
m) Xenoph. l. l.
n) Pauf. V, 13.
o) Xenoph. l. l.

wieder tönte *p*). Auſſer dieſen gröſsern Gebäuden ſtanden noch viele kleinere in der Altis, welche von griechiſchen Nationen zur Aufbewahrung ihrer heiligen Geſchenke aufgeführt worden waren *q*).

Wie erſtaunlich groſs die Sammlung von Statüen in dem Hayne war, kann man aus der Anzahl derer des Jupiters, die ſich auf 24 belief *r*), und aus der Menge der vorzüglichſten Bildſäulen von olympiſchen Siegern, deren Pauſanias 174 beſchreibt *s*), abnehmen. Plinius nennt eine runde Zahl, tauſend;

p) τοῦ Ἡχοῦς Pauſ. V, 21. Plinius hiſt. nat. 36. S. 23. Sie hiefs auch ποικίλη die gemahlte, denn ehmals waren Gemählde darinnen. Vid. et Hard. ad h. l.

q) Sie find von Pauſ. VI. 19 f. beſchrieben.

r) Pauſ. V. 22. 23. 24.

s) VI. 1. ſeqq.

fend¹); und wie viele waren fchon zu feiner, und des Paufanias Zeit nach Italien weggeführt worden! Denn Sylla, Auguft, und am meiften Nero hatten Olympia, Delphi und andre griechifche Städte ihrer fchönften Zierden beraubt, um ihre Palläfte und Landhäufer damit auszufchmücken *). Eben das Schickfal, welches diefe in Italien erfuhren, traf auch die in Olympia zurück gebliebenen. Viele waren von Gold und Elfenbein, eine grofse Anzahl von Bronce. Die Barbaren, welche Achaia fowohl als die andern Provinzen des römifchen Reichs verwüfteten, und hernach die Türken zerfchlugen folche Statüen, und verwandelten fie in Geld, Waffen und anderes Geräthe. Nur die marmornen entgiengen der Raubfucht; das waren aber die

wenig-

*) Hift. nat. 34, 17.
*) Pauf. V, 25. 26, VIII, 46. IX, 7.

wenigften. Winkelmann würde alfo, wenn er zu Olympia hätte graben laffen, für die Koften und die Mühe nicht fo belohnt worden feyn, wie er hoffte. Er hatte bekanntlich den Entfchlufs gefafst, in die Gegend zu reifen, und durch hundert Arbeiter das Stadium aufgraben zu laffen. Es war eine Hauptabficht feiner Reife nach Teutfchland, bey feinen Gönnern und den Liebhabern der Kunft Beyträge zu diefer Unternehmung zu fammlen, welche der Meuchelmörder Archangeli vereitelte [v]). Wäre aber auch die Ausbeute nicht fo reich gewefen, wie Winkelmann hoffte, fo hätten wir doch wenigftens genauere Nachrichten von der Gegend felbft, und von den Reften der Tempel und anderer Gebäude, die dort gewifs noch anzutreffen find.

Chand-

[v]) Vie de Winkelmann par Mr. Huber in der franz. Ueberf. der Gefch. d. K. p. CXXIV. f.

Chandler, fcheint es, ift nicht in die Altis gekommen. Er fand zu Olympia, wie er fagt *w*), nichts als die Trümmer von der Celle eines grofsen Tempels. Die Steine waren alle befchädigt, und zwar durch die, welche die metallenen Klammern, womit fie an einander befeftigt waren, herausgenommen hatten. Er fah auch einen tiefen Graben mit ftehendem Waffer, den er für die Stelle des Stadium hielt. Auch Foucherot, ein franzöfifcher Ingenieur, der in neuern Zeiten Griechenland bereifete, mufs eben fo wenig an der rechten Stelle gewefen feyn. Aber 1787 unternahm Fauvel auf Befehl des franzöfifchen Gefandten an der ottomanifchen Pforte Choifeul Gouffier eine Reife nach Olympia; und diefer war glücklicher in feinen Entdeckungen. Er fand den Hippodromus, das Stadium

w) Reife C. 76.

dium, das Theater, und den grofsen
Tempel des Jupiter *). So viel ich weifs,
ift noch keine Nachricht davon gedruckt;
vermuthlich liegt die Reifebefchreibung unter den Papieren des Gefandten
Choifeul Gouffier zu Paris, fo wie die
von Foucherot; und wer kann dann
hoffen, dafs an die Bekanntmachung
derfelben gedacht werden follte?

Keinen Tempel Griechenlands hat
Paufanias fo ausführlich und weitläufig
befchrieben, als den Olympifchen *y*);
aber es war auch unter der unzählbaren Menge, deren er gedenkt, keiner
fo berühmt und fo bewundert, auch
keiner an Kunftwerken und Koftbarkeiten fo reich, als diefer. Der Ort felbft,
wo

x) Barthelemy Analyfe critique des Cartes de
l'ancienne Grece pour le Voyage du jeune
Anach.

y) V, 10.

wo er ſtand, der Vereinigungsplaz der
durch Meere und Länder getrennten
Griechen zu der Feyer der olympiſchen
Spiele vergröſerte ſeinen Ruf, und die
Bildſäule des Jupiter allein, die er
bewahrte, erhob ihn über alle andre
Tempel.

Libon, ein Eleer, war der Baumeiſter
deſſelben. Weitere Nachrichten haben
wir von dieſem Künſtler nicht *). Das
Jahr, wann der Bau angefangen wurde,
giebt Pauſanias nicht an; allein der hi-
ſtoriſche Umſtand von der Veranlaſſung
zu demſelben, den er erzählt, führt
zu einer, ob gleich nicht ganz ge-
nauen Zeitbeſtimmung, wenn man eine
Stelle

*) Junius hat ihn zwar in ſeinem Catalogo
artificum nicht vergeſſen, er begeht aber
einen groſsen Fehler, indem er ſagt: Libon
Eleus praefuit operi, cum in Elide ex-
ſtrueretur Altis. Altis war der Hayn, in
dem der Tempel ſtand.

Stelle des Strabo zu Hülfe nimmt*).
Der Tempel und die Statüe, fagt Paufanias, find von der Beute verfertigt, wie die Eleer Pifa, und die|mit Pifa verbündeten Städte erobert und zerftört hatten. Die Pifäer hatten mehrmals die Eleer bekriegt, theils, um fich ihrer Herrfchaft zu entziehen, theils um ihnen das Recht zu nehmen, die olympifchen Spiele zu halten. An einer andern Stelle *b*) erwähnt zwar auch Paufanias diefer verfchiedenen Kriege, und der lezte, den er anführt, ent-

a) VIII. p. 545. ed. Almeloveen. Herr Hofrath Heyne hat fchon daraus die Zeit der Erbauung des Tempels beftimmt. Antiquarifche Auffätze 1ftes Stück, p. 202. 205. Dodwell Annales Thucyd. p. 137. benutzte fie zum Beweife, dafs die Bildfäule des Jupiter vor der der Minerva von Phidias verfertigt fey. Hierüber werde ich unten weiter reden.

b) VI, 22.

entstand nach der acht und vierzigsten Olympiade, unter der Regierung des Pyrrhus, der nach dem Tode seines Bruders Damophon König von Pisa wurde; und diefer Damophon hatte schon in der genannten Olympiade die Eleer bekriegen wollen. Pyrrhus aber war unglücklich, die Pifäer und ihre verbündeten Nachbarn, die Maciftier, Scilluntier in Triphylien und die Dyspontier wurden besiegt, und mufsten ihre Wohnplätze verlaffen. Diefen Sieg der Eleer aber kann Paufanias hier nicht meynen, wie Dodwell glaubte *); denn er fiel wohl mehr als dreyfsig Olympiaden vor dem Phidias vor, welcher die Bildfäule machte, und diefe war mit dem Tempel in gleicher Zeit, unmittelbar oder bald nach dem Siege errichtet worden. Es mufs daher noch eine fpätere Niederlage der Pifater erfolgt

*) Annales Thuc. l. l.

erfolgt feyn, und das ift die, deren Strabo gedenkt *d*). Nach jenem mislungenen Verfuche, den Eleern den Vorfiz bey den Spielen zu entreifsen, müffen fich die Pifäer und ihre Bundesgenoffen wieder in ihrem Lande gefammlet, und erholt haben. Denn im dritten Jahre der acht und fiebenzigften Olympiade traten fie auf die Seite der Meffenier, und nahmen Theil am lezten Kriege derfelben gegen die Lacedämonier. Mit diefen hatten fich die Eleer verbunden, und wie durch ihren Beyftand die Meffenier befiegt waren, fo leifteten die Lacedämonier nun den Eleern gegenfeitige Hülfe

d) l. l. An einer andern Stelle (V, 6.) hatte auch Paufanias diefe im Sinne. Der allerletzte Krieg, den fie, verbunden mit den Arcadiern, gegen die Eleer führten, fällt in Ol. 103, 4. und Ol. 104, 1. S. Xenoph. hift. gr. VII, 4. 14. feqq.

Hülfe gegen ihre alten Feinde, und so
gelang es den Eleern endlich, ihre
unruhigen Nachbarn völlig zu besiegen,
und ihre Städte so zu zernichten, dafs
sie nicht länger bewohnt worden sind *).
Dies geschah nach der ein und achtzig-
sten Olympiade, in deren erstes Jahr
das Ende des lezten messenischen Krieges fällt ƒ). Um diese Zeit also unter-
nahmen die Eleer den Bau des grofsen
Tempels, nicht lange vorher, ehe Pericles zu Athen die prächtigen Gebäude
und Werke errichtete, von welchen
zum Theil die Ruinen noch stehn.
Der

*) Nur Scyllus mufs nicht ganz zerstört wor-
den seyn, denn es ward der Aufenthalt des
Xenophon, den die Lacedämonier ihm gaben, nachdem er aus Athen vertrieben war,
Paus. l. l. Dyspontium hingegen ist ganz
verlassen worden, und unbewohnt geblieben, Strabo VIII. 547. so wie auch Maci-
stum id. eod. l. p. 537.

ƒ) Diodor XI, 84. Dodw. Ann. Thuc. p. 92.

Der Abt Barthelemy fcheint auch in diefe Zeit die Erbauung des olympifchen Tempels zu fetzen. Denn er läfst feinen Anacharfis, der in der hundert und fechften Olympiade nach Griechenland kommt, erzählen, der Tempel wäre im leztern Seculo aufgeführt worden, alfo fünf und zwanzig Olympiaden ungefähr vor der, in welcher Anacharfis Griechenland bereifete [g]). Eine Beftätigung diefer Zeitrechnung geben befonders die Verzierungen des Tempels, ich meyne, das erhobene Bildwerk in den Giebelfeldern und über den Thüren deffelben. Wenn wir auch nicht wüften, dafs Zeit-

[g]) Voyage du jeune Anacharfis T. III. p. 478. Kein Grieche hätte wohl auf diefe Art die Zeiten berechnet, er würde etwa gefagt haben, drey Generationen. Dies ift einer der feltnen Fälle, wo der Verfaffer des vortreflichen Werks vergeffen hat, dafs ein Grieche erzählt.

Zeitgenoſſen des Phidias es gemacht
hatten [h]), ſo würde dieſe Verzierung
ſchon ein Zeitalter vorausſetzen, wo
die Baukunſt in Griechenland andre
bildende Künſte zur Ausſchmückung
der Tempel gebrauchte, und wo dieſe
Künſte ſchon einen hohen Grad der
Vollkommenheit erreicht hatten. Und
dies iſt eben die Zeit, in welcher Phidias lebte, und ſein Schüler Alcamenes, welcher das Hautrelief am hintern
Giebel verfertigte. An dem Parthenon
zu Athen, der zu den Gebäuden deſſelben Zeitalters gehört, waren dergleichen erhobene Arbeiten auch [i]), und
beyde

[h]) einer, Alcamenes, iſt bekannt, der andre,
Päonius, weiter nicht.

[i]) desgleichen an dem groſsen Tempel der
Minerva zu Tegea und dem des Jupiter
Olympius zu Agrigent, welche beyde nach
jenen erbauet ſind. Pauſ. VIII, 45. Diodor
XIII,

beyde Tempel find nicht nur hierinnen einander ähnlich gewefen, fondern auch in der innern Einrichtung, in der Höhe, Breite und Länge. Wegen der letztern Uebereinftimmung in den Maafsen nimmt Stuart an *), der olympifche Tempel wäre unmittelbar nach dem athenienfifchen, alfo erft gegen die fünf und achtzigfte Olympiade erbauet worden, als die Baukunft fehr vervollkomnet war. Allein es läfst fich diefer Urfache wegen eben fo wohl annehmen, dafs der olympifche Tempel zum Mufter des Parthenons diente. Denn, wie Pericles zu Athen zu bauen anfieng, war der Uebergang von der ältern fchwerern dorifchen Bauart zu der

XIII, 81. Der Tempel des Apollo zu Delphi, und alle, an welchen Reliefs waren, find entweder nicht lange vor, oder nach dem Olymp. errichtet.

*) The Antiquities of Athens, Vol. II. p. 7.

der schönern schon geschehn. Dies beweifst der noch ftehende Tempel des Thefeus zu Athen, der um die acht und fiebenzigfte Olympiade errichtet ift *). Libon konnte alfo vor der Aufführung des Parthenon feinen Tempel in eben fo fchönem Stile, als die athenienfifchen Baumeifter, Ictinus und Callicrates den ihrigen bauen. Und warum follten die Eleer ihre Unternehmung noch fechszehn Jahre aufgefchoben haben, da fie in Ruhe vor ihren Feinden lebten, da in ihrem Lande die Baumaterialien vorhanden waren, und da ihnen die gemachte Beute, welche fehr beträchtlich gewefen feyn mufs, theils das erforderliche Metall, theils die Mittel hergab, die übrigen Koften des Baues zu beftreiten? Ich will hier nicht einmahl der Schwierigkeit

*) Le Roy, p. 8. fagt, er habe eben die Verhältniffe, wie der Parthenon.

keit gedenken, welche aus der Zeitrechnung Stuart's in Abficht der Statue Jupiters entfteht, die Phidias demnach auch nach der Erbauung des Parthenon gemacht haben müfste, welches, wie ich unten weiter zeigen werde, gar nicht glaublich ift *m*).

Einen wichtigern Einwurf gegen diefe Zeitrechnnng fcheint eine Stelle Herodots zu machen *n*). Er giebt die Entfernung der Stadt Heliopolis in Aegypten vom Meere fo grofs an, als den

m) Paoli Differt. Paeft. p. 76. fagt gar, der olympifche Tempel wäre im 2ten Seculo nach Erbauung Roms errichtet; er verwechfelt aber den Tempel des olympifchen Jupiters zu Athen mit dem in Elis.

n) II, 7. Ἔστι δὲ ὁδὸς ἐς τὴν Ἡλιέπολιν ἀπὸ θαλάσσης ἄνω ἰόντι, παραπλησίη τὸ μῆκος τῇ ἐξ Ἀθηνέων ὁδῷ τῇ ἀπὸ τῶν δυώδεκα θεῶν τῶ βωμοῦ φερούσῃ ἔστε Πίσαν καὶ ἐπὶ τὸν νηὸν τῶ Διὸς τῶ Ὀλημπίω.

den Weg von Athen bis Pifa und an
den Tempel des olympifchen Jupiters.
Seine Gefchichte aber hat er wahrfcheinlich, Ol. 8r. zu Olympia vorgelefen, und alfo vor der Zeit gefchrie-
ben, in welche ich den Bau des Tempels gefetzt habe °). Allein es läfst
fich mehreres auf diefen Einwurf ant-
worten. Herodot hat feine Gefchichte
auch zu Athen fpäter vorgelefen, nemlich, wie Dodwell gezeigt hat, Ol. 83.
3. *p*) Jene Berechnung der Weite
könnte alfo von Herodot erft in die
fpätere Recenfion feiner Gefchichte gefetzt worden feyn. Doch zu diefer
Hypothefe braucht man nicht einmahl
die Zuflucht zu nehmen. Denn es
ift nicht bewiefen, dafs Herodot den
vom Libon gebaueten Tempel meynt.

B 3   Es

o) S. Wesseling Praef. ad Herod.
p) Apparatus ad Ann. Thuc. p. 23.

Es stand ein ältrer Tempel des Jupiters zu Olympia, lange ehe jener aufgeführt wurde*), schon in der 26. Olymp., deſſen Erbauer. man nicht mehr wuſste. Dieſen meynte Herodot.

Ehe ich von der Bauart und innern Einrichtung des Tempels rede, will ich das Maaſs ſeiner Länge, Breite und Höhe anführen, wie Pauſanias es angiebt, und zur Vergleichung die Maaſse des Parthenons mit beyfügen.

Der olympiſche Tempel, war 95 Fuſs breit; der Parthenon 100; deswegen hieſs er auch Hecatompedon, der hundertfuſsbreite. In der Länge hatte jener 230; dieſer etwas über 227 Fuſs r). Man ſieht, der Unter-

q) Strabo VIII. 542. 544. A.

r) Nach Le Roy's Ausmeſſung, 214 Fuſs 20 Zoll, 4 Linien pariſer Maas. Er rechnet den griechiſchen Fuſs 11 Zoll 4 Linien 5¼ Punkte,

terſchied des Verhältniſſes iſt gering, und, vergleicht man die Länge aller andern doriſchen Tempel gegen die Breite, ſo zeigt ſich allenthalben eine Verſchiedenheit des Verhältniſſes. Die Griechen hatten hierinnen keine feſtgeſezten Regeln, wie Vitruvius ſie vorſchreibt. Aber darinnen gleichen ſich alle Tempel der Art, daſs ſie mehr als noch einmahl ſo lang als breit ſind. Manche überſchreiten dieſe Länge noch um ein Drittheil der Breite, wie z. B. der Theſeus Tempel, der 43 F. breit und 100 lang iſt, andre ſind bald anderthalb mahl ſo lang als breit *).

Dieſer

Punkte, Les plus beaux mon. de la Grece P. 1. p. 51. Stuart ſtimmt nicht damit überein. Er fand die Breite des Parthenon 101 engl. Fuſs $1\frac{7}{10}$ Zoll, und die Länge 227 Fuſs $7\frac{1}{20}$, alſo etwas über 225 griech. Vol. II. p. 8.

*) Der Concordien-Tempel zu Agrigent iſt 51 Fuſs 4 Zoll breit, 136 lang; Houel voyage pitto-

Diefer Unterfchied entftand theils durch
die bald gröfsern, bald kleinern Zwi-
fchenräume der Säulen an den Seiten
des Tempels, theils dadurch, dafs
felbft die Anzahl diefer Seitenfäulen
verfchieden war [t]). Die Höhe des
olympifchen Tempels, nehmlich von
den Stufen unten bis zur Spitze des
Giebels betrug 68 Fufs [u]). Der Parthenon

pittoresque de Sicile T. IV. p. 24. Einer
zu Segefte 72 Fufs breit, 180 Fufs lang,
Idem T. I. p. 8. Ein Tempel zu Selinus
46 Fufs 9 Zoll breit 116 Fufs lang. Ein
zweyter 67 Fufs breit 162 lang. Ein dritter
73 Fufs breit 154 lang. Ein vierter 78 Fufs
breit 216 lang; der fünfte 72 Fufs breit 174
lang; und der fechfte 150 Fufs breit 310
lang. S. ibid. p. 24-29.

[t]) S. unten p. 36.

[u]) ἰς τὸν ἀετὸν, fagt Paufanias, und fo rech-
neten gewöhnlich die Griechen. Winkelmann's Anmerkungen über die Baukunft der
Alten, p. 36. αὐτὸ τοῦτο (nemlich ὕψος) ἰς
τὸν

non hat nach le Roy's Rechnung 65 parifer Fufs *v*), d. i. beynahe 69 griechifche. Auch in Abficht der Höhe hatten alfo beyde nicht völlig gleiche Verhältniffe; vermuthlich war der Parthenon niedriger, weil er nicht fo lang war.

Gleich im Anfange der Befchreibung nennt Paufanias zwar die Bauart oder Säulenordnung des Tempels; allein von der innern Einrichtung giebt er keine fo vollftändige Nachricht, dafs man fich einen ganz deutlichen Begriff davon machen könnte. Manches wäre uns

---

τὸν ἀετὸν ἀνῆκον mufs in Parenthefe eingefchloffen werden, fo braucht man nicht das αὐτό in αὐτῷ zu verändern, wie Kuhn vorfchlug. Denn es geht fchon οἱ vorher.

v) Le Roy P. I. p. 50. Nach Stuart 64 Fufs 7 Zoll 3 Linien engl.; alfo nicht einmal 64 griechifche, (Vol. I. ch. 1, pl. 111.)

uns fogar nicht einmahl ganz verſtänd-
lich, wenn wir nicht in den Ruinen
ähnlicher Tempel die Erklärung fän-
den. Da die ältern und neuern Ueber-
ſetzer dieſe Denkmähler nicht zu Rathe
zogen, ſo fielen ſie in mancherley
Irrthümer.

Die Bauart des Tempels war do-
riſch; wahrſcheinlich die ſchönere,
welche in Griechenland ſchon in der
Zeit üblich war, da der Tempel gebauet wurde, und von der ſich in
Athen noch zwey Beyſpiele finden,
der Tempel des Theſeus und der der
Minerva. Dieſe unterſcheidet ſich von
der ältern vorzüglich durch die höhe-
ren Säulen, und das niedrigere, weniger ſchwere Gebälke. Glücklicher-
weiſe ſtehn in Griechenland, beſonders
aber in Sicilien und Italien noch Ruinen ſo vieler doriſchen Tempel, daſs
man die frühere Beſchaffenheit dieſer
Ord-

Ordnung, ihre Veränderung, und die allmähligen Fortfchritte zu ihrer Verfchönerung deutlich wahrnehmen kann. Zu Corinth fand le Roy Säulen, fo ftark und niedrig, dafs ihre Höhe nicht völlig viermahl die Dicke des Durchmeffers hat *w*). An einem Tempel zu Thoricus, nicht weit von Athen, find fie fchon mehr als viermahl höher, wie dick *x*); eben fo an einem zu Selinus, zu Girgenti, und zu Päftum *y*). Diefe Höhe fteigt auf völlige fünf Durchmeffer bey den Säulen des Tempels zu Segefte (das Capitäl mitgerechnet *z*);) aber

w) Monum. de la Gr. P. II. pl. 1. 11. 111. P. II. p. 42.
x) id. ibid.
y) Houel Voyage T. IV. 21. 24. 26. Baumgärtner Ruinen von Päftum, p. 16. Not. 19. An dem gröfsern Tempel nur viermahl, Paoli Rovine T. XVIII.
z) Houel, T. I. p. 9.

aber nur die Tempel zu Athen haben
Säulen, die beynahe fechs Durchmeffer
hoch find. Es ift bemerkungswerth,
dafs unter den vielen Tempeln in Sicilien *) kein einziger ift, deffen Säulen
diefe Höhe hätten; alle, deren Maafe
Houel angegeben hat, den zu Segeft
ausgenommen, erreichen nicht fünf
Durchmeffer. Und follten fie wohl
alle früher gebauet feyn, als die zu
Athen? Der Tempel der Concordia zu
Agrigent müfste fehr lange Zeit nach
den athenienfifchen aufgeführt feyn, wie
die Römer fchon Herrn von Sicilien
waren, wenn die lateinifche Infchrift
dafelbft, welche eines römifchen Pro-
confuls und Quäftors *) gedenkt, ächt
wäre, und fich beweifen liefse, dafs
fie

*) id. T. IV. p. 27-29.
*) Houel hat fie T. IV. p. 25. aus dem Fazel-
lus wiederhohlt, obgleich d'Orville, Sicula
p. 95. 96. fie mit Recht beftritten hatte.

fie an diefem Tempel ehmals ftand.
Es fcheint aber, der ältere dorifche Stil
wurde auf diefer Infel beybehalten,
lange noch, nachdem er im eigent-
lichen Griechenlande fchon verändert
worden war. Bekanntlich hatten viele
Dorier fich in Sicilien niedergelaffen;
Syracus, Naxos und eine Menge andrer
Städte find von ihnen bevölkert worden. Selinus, wo fehr viele Ruinen
dorifcher Tempel ftehn, war eine Co-
lonie von Megara, und Megara war
dorifcher Abkunft*). Diefe haben die
urfprüngliche und von ihnen genannte
Bauart weder verlaffen, noch fehr verändert, und daher kommt das Gleich-
förmige in ihren Tempeln. In Griechenland hingegen verbefferte man den
ältern Stil, vermuthlich befonders nach
dem perfifchen Kriege, wie viele zerftörte und verbrannte Tempel aufge-
bauet

*) Scymnus Chius orb. defcr. v. 291 und 505.

bauet werden mufsten. Wenn diefe Bemerkung, die fich auf Gefchichte und Denkmähler gründet, richtig ift, fo folgt daraus, dafs man aus der Kürze der Säulen nicht auf ihr Alter fchliefsen kann, wenigftens nicht bey Tempeln in Sicilien und Italien *d*).

Ungeachtet die Säulen der ältern dorifchen Ordnung fo kurz waren, fo bekamen die Tempel doch beynahe die Höhe, welche die im fchönern Stile gebaueten hatten, weil das Gebälke fehr fchwer und der Giebel hoch war. Es läfst fich zwar das Verhältnifs von beyden zu der Säulen Höhe an Tempeln der frühern Art nicht fo genau angeben, wie die Verhältniffe der Dicke der Säulen zu ihrer Höhe; denn an

d) Herr Doctor Stiegliz giebt die Höhe der Säulen als das einzige richtige Merkmahl an, wonach das Alter derfelben zu beftimmen ift. Gefchichte der Baukunft, p. 291. Note 64.

an dem alten corinthifchen Tempel
liegt nur noch ein Stück Architrav
auf einigen Säulen, und deren Maafs
hat le Roy nicht einmahl angeführt;
die meiften Tempel in Sicilien find
ganz eingeftürzt; nur an einem zu
Agrigent und an zweyen zu Päftum
ift das Gebälke und der Giebel ziemlich unverfehrt. So verfchieden auch
das Verhältnifs diefer Theile gegen
die Säulen an ihnen ift*), fo find fie
doch darinnen faft einander gleich,
dafs die ganze Höhe völlig zwey Drit-
theile

*) An dem einen ift das Gebälke mehr als ein
Drittheil, an dem andern mehr als die Hälfte
höher wie die Säulen. Der Giebel über-
fteigt an dem einem die Höhe des Gebälkes,
an dem andern erreicht er fie nicht; und
beydes zufammen ift an jenem nicht gleich
hoch mit den Säulen, an diefem übertrifft es
die Höhe derfelben. Ich habe diefe Verhältniffe nur allgemein angegeben, wer fie ge-
nauer zu wiffen wünfcht, findet fie nach Mo-
duln in Paoli's Rovine beftimmt.

theile der Breite enthält, und dies haben fie mit den Tempeln des jüngern dorifchen Stils gemein, wie die angegebenen Maafse der athenienfifchen lehren, der olympifche Tempel war noch etwas höher. Allein foviel die Säulen diefer an Höhe gewännen, fo viel mufste das Gebälke verlieren, und, wie Stuart fagt*f)*, nimmt beydes am Parthenon nur beynahe zwey Fünftheile der ganzen Höhe ein, an dem einem zu Päftum hingegen faft die Hälfte, und an dem andern über zwey Fünftheile. Diefer, ich meyne den gröfsern, ift in Abficht der Verhältniffe feiner Länge zur Breite und Höhe wiewohl nicht in der Gröfse dem olympifchen fo ähnlich, dafs man auf den Gedanken kommen könnte, der olympifche müffe in eben dem ältern Stile gebauet gewefen feyn. Der zu Päftum

f) Vol. II. p. 7.

Päftum nemlich ift 230 neapolitanifche
Palmen lang, 93 breit und 66 hoch [g]).
Allein, weil er ein Drittheil kleiner
ift, hat er nur 6 Säulen an der vordern
und hintern Façade, da der olympifche, wie alle Tempel feiner Gröfse,
und wie der Parthenon, 8 gehabt haben
mufs [h]): und diefer Unterfchied macht
eine grofse Verfchiedenheit in allen
Verhältniffen. Die Breite mufs alfo
in 8 Säulen Dicken und 7 Intercolumnien getheilt werden; eine kann demnach nicht mehr als 6 Fufs im Durchmeffer unten gehabt haben. Diefen
viermahl zur Höhe genommen, wie
an dem zu Päftum, gäbe 24 Fufs; die
Schwellen oder Stufen, das Gebälke
und den Giebel nach den päftanifchen
zu eben fo viel Fufs berechnet, be-
trüge

g) Paoli Rovine, T. XVIII.

h) Stuart nimmt auch diefe Anzahl an, Vol. II.
p. 7.

C

trüge folglich die ganze Höhe nur an
50 Fuſs, und er hatte doch 68. Nimmt
man aber an 6 Durchmeſſer zur Höhe
der Säulen, und theilt überhaupt die
68 Fuſs auf gleiche Weiſe, wie die 69
des Parthenons¹), ſo entſteht eine
ſchöne Façade im beſſern doriſchen
Stile, mit ſchlankern Säulen, einem
leichtern Gebälke und niedrigerm Giebel, wie am Tempel des Theſeus und
der Minerva. Auf dieſe Weiſe beſtätigt alſo auch die Architectur das oben
beſtimmte Zeitalter des olympiſchen
Tempels.

Er war auf allen Seiten mit freyſtehenden Säulen umgeben, zwiſchen
welchen und der Mauer des Tempel-
hauſes man herumgehn konnte ᵏ). Ich
habe

f) id. ibid. Chap. I. pl. III.

k) περισύλος. Dies drückt Pauſanias, c. 16.
in der Beſchreibung des Junotempels aus:
κίονες

habe schon vorher bemerkt, dafs er feiner Gröfse nach, wie der Parthenon acht Säulen an den zwey schmälern Seiten, den Façaden, gehabt haben müsse. In der Kunstsprache Vitruvs würde er also peripteros octastylos geheifsen haben *l*), wie le Roy den Parthenon richtig genannt hat *m*). Paufanias braucht diefen beftimmtern Kunftnahmen nicht, fondern einen in der gemeinen Sprache gewöhnlichen Ausdruck, der allen Tempeln mit äufsern Säulengängen zukömmt. Ich zweifle nicht, dafs der olympifche Tempel fo wie die dorifchen Tempel zu Athen auch 17 Säulen an den beyden längern Seiten hatte, die Eckfäulen mit begriffen, ob er gleich länger als der Parthe-

κίονες περὶ πάντα ἑστήκασιν αὐτόν, es ftehn Säulen um ihn ganz herum.

l) Vitruv. III, 1.
m) P. I. p. 9.

Parthenon ift. Vermuthlich waren die Säulenweiten am leztern nicht fo grofs als am erftern. Denn diefe wurden nicht immer mit den Intercolumnien der vordern Säulen gleich breit gemacht*). Uebrigens fcheint der ältere dorifche Stil auch darinnen von dem jüngern fich unterfchieden zu haben, dafs an die Seiten der Tempel nicht immer eine ungerade Zahl Säulen, nemlich noch einmahl fo viel als vorne und noch eine mehr gefezt wurden. Die Ruinen vieler Tempel in Sicilien, und die zu Päftum zeigen vielmehr, dafs gewöhnlich zwey über die doppelte Zahl der vordern an die Seiten geftellt worden find *).

Ohne

n) Houel Voyage, T. IV. p. 27.
o) Stuart's Bemerkung, Vol. II. p. 14. Note c) dafs Griechen und Römer immer eine ungerade Zahl von Säulen zu den Seiten gefezt hätten,

Ohne Bedenken kann man auch annehmen, dafs die Säulen canellirt, oder gerieft waren. Dies findet man faft durchgängig an allen dorifchen Tempeln, und Winkelmann *p*) und andre glaubten, es fey dies der Gebrauch von den früheften Zeiten her gewefen. Der Grund, den le Roy dagegen anführt *q*), ift eher für jene

Mey-

hätten, ift alfo ungegründet. Man darf nur die zwey Tempel zu Päftum vergleichen, Paoli Rovine T. XIII und XXXIII, und Houel T. IV. p. 24-29. T. 1. p. 9. Die vielen Tempel in Sicilien find, einen ausgenommen, alle hexaftyli, fie haben 6 Säulen vorne, und bey den meiften ftehen 14 an der Seite, bey einem fogar 16. Nur die zwey Tempel zu Agrigent haben 13. Das ift aber wahr, dafs die Römer eine weniger als die doppelte Anzahl der vordern brauchten.

p) Anmerkungen über die Baukunft der Alten, S. 21.

q) Mon. de la Gr. P. II. p. L.

Meynung, als dawider. Die fteinernen Säulen, fagt er, traten an die Stelle der hölzernen Baumftämme, diefe zeigen aber nichts, was die Veranlaffung zu Riefen hätte geben können. Allein, wenn man fich die Stämme von Eichen z. B.*) unbehauen denkt, fo entftand allerdings der Gedanke daher, die Riefen der Rinde an dem Steine nachzuahmen.

Dafs der olympifche Tempel eine doppelte Façade hatte, lehrt fchon die Bauart aller übrigen der Art; es beweifen es aber auch die Stellen des Paufanias, wo die erhobenen Arbeiten in den Feldern des vordern und hintern Giebels befchrieben werden*).

Ferner

*) Dies Holz war häufig in Griechenland, und Paufanias fah an einem Tempel der Juno zu Olympia eine eichene Säule, V. 16.

s) Τὰ δὲ ἐν τοῖς ἀετοῖς, ἔστιν ἔμπροσθέν — τὰ δὲ ὄπισθεν αὐτῶν.

Ferner war inwendig im Tempelhaufe eine zwiefache Abtheilung, eine gröfsere (ὁ ναός im engern Verftande, auch ὁ σῆκος, cella) wo die Statue ftand; und eine kleinere, (ὁ ὀπισθόδομος) wo der gröfste Theil der heiligen Gefchenke (τα αναθήματα) aufbewahrt wurde ')· Ueber den Thüren von beyden waren auch Reliefs.

In der gröfsern Abtheilung ftanden zwey Reihen von Säulen, und über jeder noch eine Reihe kleinerer. Diefe machten Porticos zu den Seiten, zwey untere und zwey obere *). Es lag nemlich zwifchen den untern und obern

s) Ἔστι δὲ ἐν Ὀλυμπία καὶ Ἡρακλέους τὰ πολλὰ τῶν ἔργων· ὑπὲρ μὲν τᾶ ναῶ πεποίηται τῶν θυρῶν — ὑπὲρ δὲ τᾶ ὀπισθοδόμου τῶν θυρῶν.

*) ἑστήκασι δὲ καὶ ἐντὸς τᾶ ναῶ κίονες, καὶ στοαὶ τε ἔνδον ὑπερῷοι. Das Ἔνδον fcheint verdorben, wenigftens ift es überflüfsig.

obern Säulen Gebälke, welches den untern Säulengang deckte, und auf dem man zwifchen den obern Säulen und der Seiten-Mauer gehn konnte. Auf diefe Weife war das Tempelhaus oder die Celle in drey lange Räume getheilt, zwey Porticos zu den Seiten, und in der Mitte zwifchen ihnen war die dritte Abtheilung. Völlig eben fo war das Tempelhaus des Parthenons eingerichtet. Le Roy fagt zwar *), man fände keine Spur der innern Säulen darinnen, welche Spon und Wheler noch zum Theil ftehend fahn *"). Aber nicht gar lange nach ihrer Reife wurde Athen von den Venetianern belagert, und eine Bombe fiel in das Tempelhaus, wo damals die Türken ihr Pulver-Magazin hatten. Diefe

v) Mon. de la Gr. P. I. p. 9. 10.
w) Voyages P. II. p. 118. wo die Zahl der untern und obern angegeben ift.

Diefe zernichtete die noch übrigen inwendigen Säulen. Ihre Stelle mufs doch aber nicht ganz unkenntlich geworden feyn, weil Stuart, der nach le Roy den Tempel fah, noch die Cirkel entdeckte, wo fie ftanden *). Auch Foucherot mufs fie bemerkt haben, weil er den Abt Barthelemy verficherte, dafs der Parthenon dem olympifchen Tempel in Abficht der innern Einrichtung ähnlich gewefen fey *). In dem gröfsern Tempel zu Paftum ftehn die meiften diefer Säulen noch unverfehrt *).

Solche innern Säulengänge fanden nur in Tempeln von einer beträchtlichen Gröfse ftatt, und in den alten

C 5 Schrift-

*) Antiq. of Athens, Vol. II. p. 7. 10.

y) Voyage du jeune Anacharfis, T. II. p. 558. Note.

z) Paoli Rovine della citta di Pefto pL XV. XVI. XVII. XVIII.

Schriftstellern kommen noch mehrere Beyspiele davon vor *). Es scheint, die Nothwendigkeit gab die erste Veranlaſſung zu dieſer Einrichtung. So lange nemlich die Tempel klein und ſchmal waren, ruhte die Laſt des Daches und Gebälkes auf den Seitenmauern, und hatte weiter keine Stütze nöthig; als aber die Tempel gröſser und breiter gemacht wurden, muſte das Gebälke mit dem Dache noch in der Mitte unterſtüzt werden. Man ſtellte alſo eine Reihe Säulen dahin, und

*) H. D. Stiegliz hat ſie in ſeiner Geſchichte der Baukunſt, p. 316. 17. geſammlet. Der olympiſche Tempel iſt übergangen worden. In der Beſchreibung deſſelben p. 234. iſt auch der Ausdruck des Pauſanias: ναῷ ὑπερῷος überſehen. Ferner ſind zu Selinus noch Ruinen von einem groſſen Tempel mit innern Säulenreihen. Houel T. I. pl. XXI. Und Strabo gedenkt eines Tempels des Jupiters bey dem Piräeus von der Art, IX. p. 606.

und über fie eine zweyte, welche bis unter das Dach emporftieg, und dies trug. Denn hätte man die untern fo hoch machen wollen, dafs fie bis an das Dach reichten, fo würden fie unförmlich dick geworden feyn. Auf diefe Vermuthung führt eins von den Gebäuden zu Päftum. Es mag nun ein Tempel gewefen feyn, wofür es Barthelemy hält *b*), oder zu einer andern Abficht gedient haben, fo zeigt es doch unläugbar den Urfprung und Gebrauch *einer* innern Säulen-Reihe *c*). So nothwendig diefe nun war, fo gab fie doch der Celle kein gutes Anfehn. Wenn man in den Tempel trat, fah man gerade dagegen, und die Statue, die doch jedem in die Augen fallen follte,

b) Voyage du jeune Anach. T. II. p. 558.

c) Paoli Rovine, T. XXXIII. f. der das Gebäude Atrio Etrufco nennt, ohne hinlängliche Gründe.

follte, war dadurch verfteckt. Um
dies zu verhindern, wurden zwey
Reihen nach den Seiten zu geftellt,
fo dafs der mittlere Plaz frey blieb,
und die Celle nun in drey Räume getheilt war.

Die untern Säulen waren dicker
und höher, als die obern, aber fchwächer und niedriger als die äufsern um
die Celle. Denn der Fufsboden in der
Celle war um einen oder zwey Tritte
höher, als der um diefelbe, worauf
die äufsern Säulen ftanden: und der
Unterbalken auf den untern Säulen
lag, wie man an dem Tempel zu Päftum
fieht, nicht in gleicher Linie mit dem
äufsern Gebälke, fondern tiefer, fo
dafs fie nicht bis an das Capitäl der
Säulen um den Tempel reichen [d]).

Die

[d]) Einem Architecten würde es nicht fchwer
feyn, zu berechnen, wie hoch und dick
unge-

Die Griechen haben auch in Anfehung der Ordnung der innern Säulen Veränderungen gemacht. Zu Päftum find beyde Reihen dorifcher Art. In dem grofsen Tempel der Minerva Alea zu Tegea in Arcadien hatte Scopas, der Baumeifter, corinthifche Säulen auf dorifche gefezt*); um dem Auge eine angenehme Abwechslung, und dem obern Portico in der Höhe ein leichteres Anfehn zu geben. Diefer Tempel aber war zu einer Zeit errichtet,

ungefähr die Säulen jeder Reihe im Parthenon und dem olympifchen Tempel gewefen feyn müffen. Die untern zu Päftum haben im Durchmeffer beynahe $\frac{2}{3}$ des Diameters der äufsern (jene $5\frac{1}{4}$ Palmen, diefe $8\frac{1}{4}$) die obern find $3\frac{1}{4}$ P. dick, die untern find $23\frac{2}{3}$ Palmen, die obern $12\frac{1}{4}$ P. hoch. Der Balken $3\frac{1}{2}$ Palmen. Ich fetze diefe Maafs deswegen hieher, weil ich mich unten bey der Unterfuchung der Höhe der Statue darauf beziehen werde.

*) Pauf. VIII. 45.

tet *f)*, wo die griechifchen Künftler überhaupt ihren Werken vorzüglich Anmuth und eine gefällige Schönheit zu geben fuchten. Dies war der Charakter der Kunftwerke in dem Zeitalter des Phidias nicht, und vermuthlich wurden damals die Säulen in dem Tempelhaufe von einerley Ordnung gemacht.

Die innern Säulengänge nun würden fehr dunkel gewefen feyn, wenn das Licht nur durch die Thüre in den Tempel gefallen wäre, welches bey den meiften Tempeln gewöhnlich war. Daher fcheint, es kamen die Griechen auf den Gedanken, nur die 2 Porticos zu bedecken, und den mittlern Raum unbedeckt zu laffen, fo, dafs alfo das Dach nicht in der Mitte zufammenftiefs.

f) S. davon H. D. Stieglitz Gefch. d. Bauk, p. 236. f.

fließ. Ein Tempel der Art hieß Hypäthros, es gab deren von 6, 8 und 10 Säulen an den zwey Façaden, und Strabo nennt die mittlere Abtheilung zwischen den Porticos im Tempel des Jupiter Soter bey Athen auch das Hypäthron *). Wenn Stuart's Verbesserung einer Stelle im Vitruvius *h*) richtig ist,

g) IX. 606.

h) Vitruv. III. 1. Hypäthros vero decastylos est in pronao et postico: reliqua omnia eadem habet, quae dipteros: sed interiore parte columnas in altitudine duplices remotas a parietibus ad circuitionem, vt porticus peristyliorum. Medium autem sub diuo est, sine tecto, aditusque valuarum ex vtraque parte in pronao et postico. Huius autem exemplar Romae non est, sed Athenis octastylos in templo Jouis Olympii. Stuart zeigt (The Antiq. of Ath. Vol. II. p. 5. Note 5. und p. 7.), daß der letzte Satz heissen muß: sed Athenis octastylos et in Templo Olympio. So lesen mehrere vaticanische und andre Handschriften, die er verglich. Der Ausdruck nach der gewöhnlichen

ift, wie ich nicht zweifle, fo wird
der Olympifche Tempel als ein Hypäthros dafelbft angeführt. Eine Schwierigkeit, die fich diefer Verbefferung
und Erklärung des Vitruvius entge-
genftellt, hat Stuart fchon bemerkt,
und
ehen Lefeart ift auch ganz fprachwidrig.
Vitruv hätte fagen müffen: Athenis octaftylos Jovis Olympii, oder in octaftylo templo
J. O. (wiewohl er die griechifchen Nahmen hexaftylos, octaftylos u. f. w. immer
allein fetzt, da ναὸς immer dazu gedacht
wird). Der Tempel des Jup. Ol. zu Athen
war auch nicht octaftylos, fondern decafty-
los. S. Stuart. Vol. II. p. 7 u. 14. Pl. XXXI.
Le Roy hatte ein ganz ander Gebäude dafür
angefehen. Stuart. Vol. I. p. 38 f. Folglich
führt Vitruv den athenienfifchen Tempel des
Jup. Ol. nicht an, fondern einen achtfäuli-
gen dafelbft, und den Tempel zu Olympia.
Jener ift, wie Stuart glaubt, der Parthenon,
den le Roy auch nicht für einen Hypäthros
gehalten hat. Denn er fagt P. I. p. 9., er
müffe finfter gewefen feyn, weil er blos
durch das Licht, das durch die Thüren hinein kam, erhellt wurde.

und fie zu heben gefucht. Strabo nemlich erzählt, die Statue Jupiters wäre fo coloffal gewefen, dafs fie mit dem Kopfe bis an das Dach beynahe reichte. Und er tadelt diefe zu der Hohe des Tempels unverhältnifsmäfsige Gröfse auf eine witzige Weife, indem er fagt, wenn Jupiter aufftünde, würde er das Dach vom Tempel heben *). Paufanias gedenkt ebenfalls eines Daches, es war eine Windeltreppe, auf der man hinauffteigen konnte *k*). Allein Strabo verfteht wohl unter dem Worte ναος nicht die ganze Celle, fondern nur den hinterften Theil derfelben, wo die Statue ftand. Hier ftiefsen die Porticos zufammen, und

i) Strabo VIII. p. 542.

k) in f. c. X. πεποίηται δὲ καὶ ἄνοδος ἐπὶ τὸν ὄροφον σκολία. Und im Anfange des Capitels fpricht Paufanias von Marmortafeln, womit es gedeckt war.

D

und vermuthlich hatte das Dach da einen Vorfprung, der über die Statue hergieng, und fie vor Regen und Wind fçhüzte. Dies ift viel wahrfcheinlicher, als das, was Stuart noch hinzufügt, dafs der Vorhang, deffen Paufanias erwähnt[l]), etwa die Celle bedeckt hätte. Denn diefen würde weder Strabo noch Paufanias das Dach nennen können. Er hieng auch, wie ich unten zeigen werde, vor der Statue herunter. Wozu aber wäre er nöthig gewefen, wenn die ganze Celle von dem Dache bedeckt war?

Ehe ich zur Befchreibung der Zierrathen des Tempels fortgehe, mufs ich noch einiger Materialien deffelben gedenken, welche Paufanias anzeigt. Der Tempel war von Tuffſteine gebauet[m]), der in Elis gebrochen wurde;

auch

[l]) c. XII. p. 405. ed. Kuhn.
[m]) ἐπιχωρίου πώρου.

auch eine Mauer in der Altis. war davon aufgeführt *n)*. Griechen und Römer haben diefen Stein häufig zum Bauen gebraucht, denn er war fo weifs und dicht, wie parifcher Marmor und nicht fo fchwer *o)*. Die Tempel zu Päftum, die Mauern diefer Stadt, und ein Tempel zu Girgenti find davon gebauet.

Das Dach über den Porticos und den Façaden war nicht mit gewöhnlichen Ziegeln gedeckt, fondern mit dünnen Platten von pentelifchem Marmor, welche die Form von Ziegeln hatten *p)*. Diefe hatten die Eleer von Athen fo wie die andern koftbarern Materialien

D 2 kom-

n) Pauf. VI. 19.

o) Plinius Hift. nat. XXXVI. Sect. 18. aus dem Theophraft. Winkelmann Anmerk. über die Baukunft der Alten. p. 3.

p) κέραμος δὲ οὐ γῆς ὀπτῆς ἔςιν ἀλλὰ κεράμου τρόπον λίθος ὁ Πεντέληςιν ἐιργασμένος.

kommen laſſen, um ihrem Tempel eine Zierde zu geben, welche die athenienſiſchen hatten. Auf dem Tempel des Theſeus, und auf dem Windthurme zu Athen liegen noch dergleichen Marmor - Ziegeln q). Sie waren gröſser und breiter als bey uns, und bey den Römern, denn ſie hatten 4 oder 5 Palmen in Quadrat. (tetradora, pentadora) die leztern wurden gewöhnlich zu Tempeln und öffentlichen Gebäuden genommen r). Dafs ſie nicht ſo wie bey uns gelegt, ſondern auf eine beſondere und künſtliche Art zuſammengefügt wurden, ſcheint aus einer Erzählung des Livius s) zu folgen, welche zugleich lehrt, dafs auch die Grie-

q) Le Roy P. II. p. 8. Stuart Vol. I. p. 19. Note a)

r) Plin. Hiſt. nat, XXXV, S. 49. Vitruv. III. 2.

s) Livius XLII. 3. Valer. Max. I. 1. 20.

Griechen in Italien Marmor zu den Tempeldächern nahmen. Der römifche Cenfor Q. Fulvius Flaccus hatte vom Tempel der Juno auf dem Vorgebürge Lacinium, (jezt Capo delle Colonne) die Hälfte der Marmor Ziegeln abnehmen, und nach Rom bringen laffen, um da den Tempel der Fortuna Equeftris damit zu decken. Der Senat verordnete, dafs fie wieder zurück gebracht werden follten, aber es konnte ihnen niemand wieder die vorige Lage geben.

Wenn folche Platten gefägt und gefchliffen worden find, wie es noch jezt gefchieht, fo müffen fie koftbar gewefen feyn, befonders da der pentelifche Marmor fo hart und feinkörnigt ift, wie der carrarifche. Stuart, welcher in den Marmorbrüchen des pentelifchen Bergs war, legt ihm diefe Eigenfchaften und die weifse Farbe bey.

bey ᶠ). Dolemieu hingegen behauptet, dafs er geſtreift war, und derſelbe, den die Bildhauer cipolla oder cipollino nennen. Man hat noch viele alte Statuen davon in Italien ⁑).

Die Kunſt, den Marmor ziegelförmig zu ſchneiden, war ſchon ſeit ungefähr der 50. Olympiade von einem Naxier Byzes erfunden worden. Er war Bildhauer, und zu Naxus ſtanden Statuen des Apollo und der Diana von ihm, welche ſein Sohn Euergus dieſen Göttern geweiht hatte. Er lebte um die Zeit des lydiſchen Königs Alyattes und des mediſchen, Aſtyages ᵛ).

Die

ᶠ) Antiq. of Athens, Vol. I. p. 7. Note b)

⁑) Muſ. Pio Clem. T. III. p. 18. Note c).

ᵛ) Die Inſchrift an den Statuen hat Goldhagen richtiger überſetzt, als andre. Euergus iſt der Nahme von Byzes Sohn, πόρε heiſst, er ſtellte ſie auf, weihte ſie, und ὅς πρώτιστος τεῦξε λίθου κέραμον geht auf den Byzes.

Die Römer bedienten fich auch eines Steines zu Ziegeln, welcher aber weich war, fo dafs man ihn mit der Säge fchneiden konnte. Er wurde in Belgica gefunden *w*).

Die äufsern Zierrathen des Tempels waren folgende. Auf der Spitze des Giebels (Paufanias meynt den vordern als den der Hauptfaçade) ftand eine Victoria von vergoldeter Bronce *x*) zum Denkmahl des Siegs der Eleer, welcher die Veranlaffung zum Baue des Tempels war. Auf jede Ecke

Byzes. „Es weihte mich den Kindern der Leto Euergus der Naxier, Sohn des Byzes, der zuerft von Steinen Ziegeln machte."

w) Plin. 36, 44.

x) Νίκη κατὰ μέσον μάλιστα ἔστηκε τὸν ἀετόν, ἐπίκρυσος. Μάλιστα heifst nicht faft, wie Goldhagen überfetzt hat, fondern gerade. Barthelemy Voyage T. III. p. 479. erzählt, auf jedem Fronton ftehe eine Victorie. Dies fagt Paufanias nicht.

Ecke war eine Vafe geftellt, auch diefe war von Bronce und vergoldet *). Der goldne Schild unter der Statue der Victoria, war entweder an dem Acroterio, worauf fie ftand, befeftigt, oder an der Bafe der Statue, wenn die Victoria noch eine befondere Bafe hatte. Auf demfelben war das Haupt der Gorgo Medufa, vermuthlich von getriebener Arbeit ^{z}), und eine Infchrift in

*) Λίβης ἐπίχρυσος ἐπὶ ἑκάςῳ τοῦ ὀρόφου τῷ πέρατι ἐπίκειται. Einen unfchicklichen Nahmen giebt Goldhagen diefen Vafen, indem er fie Keffel nennt. Gedoyn hat die Stelle ganz falfch überfetzt: deux chaudieres font fufpendues à la voute — du milieu de la voute pend une Victoire. Auf den alten Tempeln findet man jetzt dergleichen Statuen und Vafen nicht mehr, aber man kann auf Münzen genug fehen, dafs auf den drey Ecken der Giebel dergleichen ftanden.

z) ἀσπὶς χρυσῆ, Μέδουσαν τὴν Γοργόνα ἔχουσα ἐπηργασμένην. Das letztere Wort braucht Paufanias gewöhnlich von Reliefs in Marmor,

in elegifchen Verfen, welche die Geber des Gefchenks, und die Urfache anzeigte, warum es hier aufgehangen war. Wie nemlich die Lacedämonier aus dem Kriege gegen die Phocenfer Ol. 80, ¾ nach Haufe giengen, zogen die Athenienfer, welche vorher von ihnen beleidigt worden waren, mit den Argivern gegen fie aus, und es kam bey Tanagra zu einem hitzigen Gefechte, welches zum Vortheile der Lacedämonier ausfiel. Die Tanagräer, die mit ihnen verbunden waren, weihten hernach dem Jupiter für den verliehenen Sieg den goldnen Schild, der vom zehnten der Beute gemacht worden war [a]). Auf dem Schatzhaufe der Megamor, aber auch von erhobener Arbeit in Metall. Der Schild war von Gold, wahrfcheinlich nicht gegoffen, fondern getrieben.

a) Nach dem Plutarch in Cimone c. 17. cf. Pericl. c. 10. Thucyd. I, 108. und Paufanias

Megarenſer in der Altis war gleichfalls
ein Schild über dem Giebel mit einer
Inſchrift.

nias I. 29. wurden die Athenienſer und Argiver würklich beſiegt, und daſs ſie ihren Gegnern alſo das Feld räumen mufsten, beweiſt auch die Inſchrift des Schildes. Im Diodor. XI. 80. lautet die Erzählung der Schlacht mehr zum Vortheil der Athenienſer, der Sieg ſey unentſchieden geblieben, ſagt Diodor. Beyde Theile verloren ſehr viele Leute. Herodotus VII. 35. erwähnt nur kurz des Treffens. Die Inſchrift iſt in doriſchem Dialect. Im zweyten Verſe muſs alſo τᾶς ſtatt τῆς geleſen werden. Im erſten wird das Geſchenk φιάλα χρυσέα eine goldne Schaale genannt, wegen der Aehnlichkeit, die ein hohler Schild mit einer tiefen Schaale und dieſe auswärts mit einem Schilde hat.

Aber unter den beſiegten Feinden der Lacedämonier und Tanagräer werden auch Jonier genannt. Deren gedenkt weder Thucydes noch Diodor, noch irgend ein andrer Schriftſteller namentlich. Sie nennen blos die Argiver und Theſſalier als Bundesgenoſſen; die leztern aber traten im Gefechte auf die

Infchrift *b*). Sonft wurde diefe auch wohl auf das Acroterium felbft gefetzt, wie z. B. an dem dorifchen Portico zu Athen *c*).

Noch eine andre Zierde hatte der Tempel mehr als 300 Jahre nach feiner Erbauung erhalten, durch den römifchen Feldherrn Mummius, der den Krieg mit den Achäern endigte, und Corinth zerftörte. Zum Gedächtnifs diefes die Seite der Lacedämonier. Paufanias felbft, der fich hier auf feine Nachricht von dem Treffen im erften Buche heruft, fagt von Joniern nichts. Aber wahrfcheinlich leifteten fie damals, wie hernach im peloponnefifchen Kriege den Athenienfern Beyftand, und waren unter den Bundesgenoffen, welche nach dem Thucyd. l. l. das Heer der Athenienfer ausmachten, von denen Thucyd. aber weiter keine als die Theffalier namentlich anführt.

b) Pauf. VI. 19.
c) Stuart Antiq. Vol. I. ch. 1. pl. III. not. d. p. 1.

diefes Siegs, und zur Dankbarkeit gegen Jupiter hatte er 21 vergoldete Schilder gefchenkt, vermuthlich die koftbarften, welche fich unter den erbeuteten griechifchen Waffen befanden. Es war in Griechenland fchon feit frühern Zeiten her Sitte, die eroberten Schilder befiegter Feinde an einem Tempel aufzuhangen, der fehr befucht wurde. Die Athenienfer hatten die den Perfern im Treffen bey Marathon abgenommenen goldenen Schilder an der vordern Façade des Tempels des Apollo zu Delphi, die Aetolier aber hernach die von den Galliern erbeuteten an der hintern und auf der linken Seite deffelben aufgefteckt *). So hatte auch Pyrrhus König von Epir nach dem Siege über den Antigonus Waffen der Macedonier am Tempel Jupiters zu Dodona, und die der Gallier an dem

der

*) Pauf. X. 19. Strabo XIII. 895.

der Minerva Itonia zwifchen Pherä
und Lariffa befeftigen laffen '). Und
die Thebaner verewigten ihren Sieg
bey Leuctra durch die am Tempel der
Ceres zu Theben aufgehangenen Schilder der lacedämonifchen Befehlshaber *f)*.
Damit fie jedem in die Augen fielen,
heftete man fie an die Säulen *g)*, oder
auf die Architrave *h)*; zu Olympia
hiengen

e) Pauf. I. 13.

f) idem IX. 16.

g) In der Infchrift auf den macedonifchen
Schildern ftand — ναῷ ποτι κίονας κᾶται.
ἀνακᾶϑαι, ἀνατίϑεϑαι, ἀνακρέμαϑαι find
in diefen Stellen gleichbedeutende Worte.

h) ἐπὶ τῶν ἐπιςυλίων, Pauf. X. 19. Die Epi-
ftylia find nicht die Säulenknäufe noch die
Metopen (Stiegliz Gefch. d. Bauk. p. 240.
309.), fondern die Architrave. Vitruv. III. 3.
Plin. 35. S. 21. 36. 49. Plutarch. Pericl. 13.
In der vom öftlichen Giebel des Parthenon
find noch Löcher zu fehn, die in gleichen
Entfernungen von einander gemacht find.
Stuart Antiq. Vol. II. pl. I. p. 10. Er glaubt,

man

hiengen fie aufsen an der über den Säulen herumliegenden Frife; ob ringsherum, oder nur an einigen Seiten, fagt Paufanias nicht. Winkelmann glaubte¹), dafs fie in den Metopen gehangen hätten. Diefe waren an den älteften Tempeln offen, es waren die Oeffnungen zwifchen den Balkenköpfen; hernach wurden fie zugemauert, endlich wurden fie mit Bildwerk geziert. An den Tempeln zu Päftum find keine Reliefs in diefen Metopen, die Tempel des Thefeus und der Minerva zu Athen hingegen haben folche Zierrathen. Da an dem olympifchen Tempel fonft wie an dem Parthenon, allenthalben erhobene Arbeit

man habe da Blumenkränze aufgehangen, vielleicht hiengen aber auch Schilder ehmals daran. cf. Chandler Reife, p. 71. der deutfchen Ueberfetzung.

i) Anmerk. über die Baukunft, S. 59.

beit angebracht war, fo ift es nicht glaublich, dafs die Metopen leer geblieben feyn follten, wenn gleich Paufanias des Bildwerks derfelben nicht erwähnt. Hätten aber die Schilder des Mummius darinnen gehangen, fo würden fie dies bedeckt haben. Ich glaube daher, fie waren auf den Tryglyphen befeftigt[k]).

Das

[k]) Τοῦ ναοῦ τῆς ὑπὲρ τῶν κιόνων περιθεούσης ζώνης κατὰ τὸ ἐκτός. Ζώνη ift das, was Plutarch in Pericle 13. τὸ διάζωμα nennt, und was in der Baukunft fonft Zophorus heifst, die Frife. Es waren dergleichen zwey an dem olympifchen Tempel, fo wie am Parthenon, eine am Gebälke der Säulen um den Tempel, die andre an dem Tempelhaufe felbft. Von jener redet hier Paufanias, die inwendige Frife des Parthenons hat um das ganze Tempelhaus herum Reliefs. S. Stuart Vol. II. Ch. 1. pl. XIII bis XXII. Das κατὰ τὸ ἐκτός lege ich aus: an dem Theile der Frife, der herausgeht, oder vorfteht, dies find die Triglyphen. Mit τοῦ ἐν Ὀλυμπίῳ ναοῦ kann es nicht verbunden

*Das erhobene Bildwerk in den beyden
Giebelfeldern des Tempels.*

An allen gröfsern Tempeln, welche in und aufser Griechenland nach dem perfifchen Kriege von den Griechen erbauet worden find, waren die dreyeckigen Felder oder Flächen in den Giebeln mit Hautreliefs geziert, die von den gröfsten Bildhauern, einem Alcamenes, Praxiteles und andern verfertigt worden waren *)*. Man erwartet, dafs diefe Künftler zu diefen Reliefs Handlungen aus der Gefchichte derjenigen Gottheit wählten, welcher der

bunden werden. Denn alsdann fteht τῆς — ζώνης ohne Verbindung, und κατὰ τὸ ἐκτὸς wäre überflüfsig, weil Paufanias deutlich genug zu verftehen giebt, dafs er die äufsere Frife meynt, indem er fie die über den Säulen herumgehende nennt.

*) Vifconti in der Vorrede zum IV. Bande des Muf. P. Clem. Stiegliz Gefch. d. Baukunft, p. 335. 336.

der Tempel gcheiligt war. Allein man findet, dafs fie auch Gegenſtände darſtellten, welche keine Beziehung auf diefe Gottheit hatten. Die Reliefs am Parthenon zeigten Begebenheiten aus der Fabel von der Minerva, das vordere ihre Geburt, oder vielmehr ihre Einführung in die Gòtterverfammlung, das hintere ihren Streit mit dem Neptun um das Schuzrecht über Attica *m*). An dem Tempel des Hercules zu Theben waren die meiſten von den zwölf Thaten deſſelben abgebildet *n*,) an dem des Jupiters zu Agrigent fein Streit mit den Giganten *o*), und in dem einen Giebel feines Tempels

m) Pauf. I. 24. Von beyden Reliefs iſt nichts mehr übrig, als einige Figuren in den Ecken des vordern. Stuart Vol. II. ch. 1. Spon und Wheler haben dies noch ganz geſehen. S. le Roy, P. I. p. 10.
n) Pauf. IX. 11.
o) Diodor XIII. 84.

pels zu Delphi ſtand Apollo mit ſeiner Mutter, Schweſter, und den neun Muſen *p*). Aber es giebt auch eben ſo viele Beyſpiele, daſs die Bildhauer entweder gar keine Rückſicht bey der Wahl der Vorſtellungen auf die Gottheit des Tempels nahmen, oder daſs ſie dieſelben aus der Geſchichte der Nation entlehnten, welche den Tempel erbauet hatte. So ſcheint die Einnahme von Troja an dem hintern Giebel von den agrigentiniſchen Tempel des Jupiters eine ganz willkührliche Vorſtellung geweſen zu ſeyn *q*), wie der Gegenſtand des Bildwerks an der einen Façade des Tempels zu Delphi, Bacchus mit Bacchanten und der Untergang des Helius *r*). Warum aber die Jagd des caly-

p) Pauſ. X. 19.
q) Diodor l. l.
r) Pauſ. l. l. Der Helius iſt nicht einerley mit dem Apollo. Unter dem Apollo dachte man

calydonifchen Ebers, und der Zwey-
kampf des Achilles und Telephus in
erhobener Arbeit an dem Minerven-
tempel zu Tegea vorgeftellt war *),
das fieht man ein, fobald man fich
erin-
man urfprünglich die Sonne, und er hat deswegen Pfeile und Bogen. Aber in der Kunft
ift diefer Begriff verlohren gegangen, Apoll
ift Gott der Dichtkunft, der damit verbun-
denen Mufic, und der Wahrfagungs- und
Heilkunft. Der Gott der Sonne ift der Helius; im Homer ift er fchon eine vom
Apoll verfchiedene Gottheit, und er wird
auf eine ihm eigenthümliche Art abgebildet,
nemlich mit dem Stralenhaupte, wie auf den
rhodifchen Münzen, und wie auch eine Statue von ihm zu Elis ftand. Pauf. VI. 24.
Auf den fpätern römifchen Kaifer-Münzen
kommt er auch häufig vor. Herrn von
Ramdohrs Idee von dem vaticanifchen Apollo (über Mahlerey und Bildhauerarbeit in
Rom, I. Th. p. 51.) der Künftler habe die
aufgehende Sonne fich dabey gedacht, ift
zwar fchön und fogar erhaben, aber der im
Alterthum üblichen Vorftellung zuwider.

s) id. VIII. 45.

erinnert, dafs Ancäus und Atalante, die nächſt dem Meleager ſich am meiſten bey dieſer Jagd auszeichneten, von Tegea waren *), und dafs Telephus Achills Sohn, auf dem parthenifchen Berge bey Tegea erzogen war *). Dies waren alſo Begebenheiten, welche die Tegeaten ſelbſt angiengen. Auf eben die Weiſe nun verhält es ſich mit den Reliefs am olympifchen Tempel. Das vordere ſtellte den Oenomaus und Pelops mit ihren Wagen vor. Ihr berühmtes Wettrennen gehörte zu den local Fabeln von Elis, und iſt von epifchen und tragifchen Dichtern häufig behandelt worden *). Es war in der Gegend des Tempels gehalten worden.

Oeno-

*) id. l. 1.
*) id. VIII. 54.
*) Einer Tragödie, Oenomaus und Pelops wird gedacht in vita Aeſchinis, T. III. Orat. gr. Reiskii, p. II. 13.

Oenomaus, König von Pifa, hatte auch über Olympia geherfcht. Pelops fein Nachfolger, war unter den Helden eben fowohl der angefehenfte, als Jupiter unter den Göttern der erfte; fein Grabmahl lag in der Altis, und man zeigte noch den Kaften, worinnen feine Gebeine liegen follten. Unter den feyerlichen Spielen, welche zu Olympia gehalten wurden, war das Wagenrennen eins der vorzüglichften. Paconius aus Mende in Thracien, der Künftler des Reliefs [w]), nahm alfo eine fehr berühmte Fabel von einheimifchen Helden, welche ohnehin von den alten Künftlern fehr häufig vorgeftellt worden ift. Paufanias fah fie am Kaften des Cypfelus [x]). Der jüngere Philoftratus befchreibt zwey Gemähl-

[w]) noch ein Werk von ihm wird V, 26. angeführt.

[x]) V. 17.

mählde von diefer Gefchichte*y*), und Apollonius Rhodius führt fie unter den Fabeln an, welche auf Jafons Chlamys gewebt waren *z*). Es giebt auch noch einige alte Kunftworke mit diefer Vorftellung; einige Urnen, wovon die eine Luigi Brafchi Onefti befizt *a*), und Fragmente von Reliefs, welche

y) Imagines p. 788 und 789. 873.
z) Argonaut. l. 752-758.
a) Monumenti antichi inediti von Guattani per l'anno 1785. Gennaro Tav. III. Er führt p. XII. noch eine Urne zu Florenz an, auf der Oenomaus liegend abgebildet feyn foll; er fticht fich einen Dolch durch den Kopf. Dem Diodor zu Folge ermordete er fich nach feinem unglücklichen Falle (IV, 73. et Intpp. ad Apollonii l. l.) Ob die kleine Urne von Alabafter, welche ehmals zu Todi war, und jezt im vaticanifchen Mufeo fteht, diefen Gegenftand vorftellt, wie Pafferi Pict. Etr. in Vafc. p. LXXVI. T. I. glaubte, läfst fich nicht beurtheilen, da die Zeichnung davon in Cori Muf. Etr. T. I. T. CXXXV. ganz

welche für Stücke der Geschichte gehalten werden [b]).

Päonius hatte nicht das Wagenrennen selbst vorgestellt, nicht den Oenomaus, wie er den Pelops verfolgt, sondern beyde Helden mit ihren Wagen auf welchen sie das Wettrennen halten wollen [c]). Eins der Gemählde

E 4 bey

ganz unrichtig ist. Gori und Guattani haben verschiedene Meynungen darüber.

[b]) Monumenta Matthaeiana T. III. Tab. XXIX. Beyde Fragmente find in Absicht der Kunst unbeträchtlich, und römische Arbeit aus den spätern Zeiten der Kaiser, eben so wie die Urne des Braschi Onesti. Ob das erste Fragment den Pelops mit der Hippodamia vorstelle, ist nicht einmahl gewifs.

[c]) Τὰ δὲ ἐν τοῖς ἀετοῖς ἔτιν ἔμπροσθεν Πέλοπος ἡ πρὸς Οἰνόμαον τῶν ἵππων ἄμιλλα ἔτι μέλλουσα, καὶ τὸ ἔργον τῦ δρόμου παρὰ ἀμφοτέρων ἐν παρασκευῇ. Winkelmann Anmerk. p. 56. und Stiegliz Gesch. d. Bauk. p. 335. haben den Beysaz ἔτι μέλλουσα u. f. w. übersehen.

bey dem Philoſtratus ſcheint hierinnen dem Relief ähnlich gewefen zu feyn. Andre Künſtler aber ſtellten die Handlung ſelbſt vor; auf dem Kaſten des Cypſelus verfolgte Oenomaus den Pelops, auf dem andern alten Gemählde lag der zerbrochene Wagen des Oenomaus, und ſo dichtete auch Apollonius die Vorſtellung, welche er gewiſs von einem Kunſtwerke entlehnt hatte. Oenomaus fällt vom Wagen herab, deſſen Axe im Laufe zerbrach, weil Myrtilus fein Wagenführer einen Stift von Wachs ſtatt des ehernen oder nach einer andern Sage keinen Stift vor das Rad geſteckt hatte *). Dies iſt auch der Augenblick der Handlung auf der vorhin angezeigten Urne, Oenomaus liegt, und unter ihm das ausgefallene Wagenrad. Die folgende genauere Beſchreibung des Reliefs wird noch

mehre-

*) Schol. Apollon. Rhod. ad l. l.

mehrere Verfchiedenheiten in der Vorftellung diefer Gefchichte zeigen.

Das Giebelfeld war durch die Figur
Jupiters, welche die Mitte deffelben
einnahm, in zwey Hälften getheilt*).
Da Jupiter, fo viel ich weifs, keinen
Antheil an dem Wagenrennen hatte,
fo hatte der Künftler fein Bild entweder deswegen an die Hauptftelle des
Giebels gefezt, weil ihm der Tempel
geheiligt war (ungeachtet dadurch der
Zufammenhang der Vorftellung unter-
brochen wurde), oder, weil Jupiter
der Grosvater des Pelops war, und die
alten Künftler öfter Gottheiten zu manchen

*) Διὸς δὲ ἀγάλματος κατὰ μέσον πεποιημένου μάλιστα τὸν ἀετόν. — Pauf. braucht das Wort ἄγαλμα meiftentheils von Statuen, bisweilen aber auch von haut relief. Ein deutliches Beyfpiel ift auch VIII. 48. Da die Reliefs in den Giebeln hoch waren, fo mufsten die Figuren weit hervortreten, fonft hätte man fie nicht deutlich erkannt.

chen Gefchichten fezten, welche nicht dabey gegenwärtig waren. Bey dem Kampfe des Hercules mit dem Achelous z. B. war Jupiter nicht zugegen, aber im Schatzhaufe der Megarenfer war er als der Vater des Hercules den übrigen Figuren beygefellt *f)*.

Zur rechten Seite Jupiters ftand Oenomaus mit einem Helme auf dem Kopfe *g)*,. vermuthlich übrigens nakt, wie die Griechen ihre Helden bildeten *h)*, und mit dem Wurffpiefe in der Hand, womit er die eingehohlten Freyer zu durchbohren pflegte *i)*. Neben

f) Pauf. VI. 19.

g) 'Οινόμαος ἐπικείμενος κράνος τῇ κεφαλῇ. Goldhagen überfezte unrichtig: wie er den Helm auffezt.

h) Plinius hift. nat. XXXIV. S. 10.

i) Diodor. IV. 73. Apollon. I. 756. Pauf. VIII, 14. Ein alter Mahler hatte ihn in barbarifcher Tracht, den Pelops in lydifcher Kleidung gemahlt. Philoftr. p. 789.

ben ihm war Sterope feine Frau, eine
von den Plëiaden, den 7 Töchtern des
Atlas *). Dies ift ein deutlicher Beweifs von der Freyheit, welche die
alten Bildhauer bey ihren Compofitio-
nen fich nahmen. Um diefe reich an
Figuren zu machen, und um jedem
Theile des Feldes eine gleiche Anzahl
zu geben, fezten fie Perfonen zu,
welche der vorgeftellten Handlung
nicht beygewohnt hatten. In der
andern Hälfte des Giebels, ftand, wie
wir hernach fehn werden, Hippodamia
neben dem Pelops, und dies den Er-
zählungen gemäfs. Denn Oenomaus
liefs jeden Freyer fie zu fich auf den
Wagen nehmen. Allein der Sterope
wird bey dem Wettrennen nicht gedacht, fo verfchieden auch diefe Ge-
fchich-

*) Andre gaben fie als feine Mutter an. Apol-
lodori Biblioth. III, 10. 1. und die Note
des Hrn. Hofr. Heyne zu diefer Stelle.

fchichte, welche zu den vielbefunge-
nen Fabeln der Pelopiden gehört, von
Dichtern behandelt worden ift. Damit
aber auf der einen Seite des Hautreliefs
foviel Figuren, als auf der andern
ftünden, fezte Päonius die Sterope
neben den Oenomaus an die Stelle,
welche Hippodamia bey dem Pelops
einnahm [1]).

An dem Wagen des Oenomaus
waren vier Pferde; bekanntlich fpannte
man fie neben einander. Dies war
gegen den Gebrauch des Heldenzeit-
alters, in welchem vierfpännige Wagen
nicht üblich waren. Homers Heröen
fahren

[1]) Auf der Urne in den Mon. ined. 1. l. hat
Pelops die Hippodamia nicht bey fich. Aber
fie und ihre Mutter ftehen an dem einen Ende
des Reliefs, klagend über das Unglück des
Oenomaus. Sterope hat die königliche Kopfbinde, als Königinn, Hippodamia nieht.
Guattani fah jene für die Tochter, diefe für
ihre Wärterin an.

fahren im Kriege und bey Wettrennen immer mit zwey Pferden, bisweilen ift ein drittes daneben gefpannt. (ἵππος παρήopoς) *m*). In den olympifchen Spielen wurden auch anfangs dergleichen gebraucht, die vierfpännigen find erft Ol. 25 aufgekommen *n*). Und Lycophron fo wie auch der Scholiaft des Apollonius Rhodius nennen daher nur die Nahmen von zwey Pferden

m) Menelaus hatte bey den Leichenfpielen des Patroclus zwey Pferde vor feinem Wagen, eins das dem Agamemnon gehörte, und eins von den feinigen, Ιλ. ψ. 295. Paufan. V. 8. Von zweyfpännigen Wagen im Gefechte f. Beyfp. Ιλ. ε, 13. 107. 195. 224. 236. 237. 272 und andere; von dem des Achills Ιλ. π. 149 - 154. 471. Sophocles legt dem Oreftes bey den pythifchen Spielen auch nur zwey Pferde bey. Electra 723. 744. 45. Diefer Sitte gemäfs fahren auch die Götter mit zwey Pferden. Z. B. Neptun, Ιλ. ν, 23. 24. Jupiter, Ιλ. ϑ. 41.

n) Pauf. l. l.

den des Oenomaus °). Der ältere Künftler, welcher den Kaften des Cypfelus machte, war dem Coftume der Heldenzeit treu geblieben, und hatte beyden Helden zweyfpännige Wagen gegeben. Er hatte auch die Pferde des Pelops mit Flügeln gebildet *p)*, eine Darftellung des Dichterbildes von Schnelligkeit *q)*, welche in der Kunft der folgenden Zeit bey den Griechen abkam, ausgenommen bey den Bildern des Pegafus, Mercurs und Perfeus. Päonius aber richtete fich nach dem Gebrauche feiner Zeit, fo wie Euripides *r)* und die fpätern Dichter. Und es fcheint dies allgemein geworden zu feyn, da auch auf den Gemählden bey dem Philoftra-

o) Muncker ad Hygini Fab. 84. Schol. Apollonii l. l.
p) Pauf. V, 17.
q) Pindar Oλ. α. 140. 141.
r) Helena 393.

loßfatus, und auf der angezeigten Urne die Wagen vierfpännig find *).

Vor den Pferden fafs Myrtilus, der bekannte Wagenführer des Oenomaus, und hinter ihm zwey Männer; ihre Nahmen wiffe man nicht, fagt Paufanias, aber fie waren die Stallknechte des Königs¹).

Auch

*) S. p. 807. 808. 873. Wenn man auch dem Philoftratus glauben wollte, dafs die Lydier fchon zu Pelops Zeit bey Wettrennen vier Pferde brauchten, fo hatten doch wenigftens nicht die Griechen die Sitte. Pauf. erwähnt VI. 21. eines Grabmahls der Pferde von einem der umgebrachten Freyer, deren aber waren nur zwey gewefen.

¹) Μετὰ δὲ αὐτὸν ἐισιν ἄνδρες δύο· ὀνόματα μὲν σφισιν οὐκ ἔτι, θεραπεύειν δὲ ἄρα τοὺς ἵππους καὶ τούτοις προσετέτακτο ὑπὸ τοῦ Ὀινομάου. In der Fabel oder Tradition meynt Paufanias hatten fie keine Nahmen, oder waren fie unbekannt. Man könnte es auch fo verftehn, dafs die Nahmen nicht beygefchrieben waren, wie das wohl auf Reliefs

Auch diefe waren Figuren, welche Päonius zugefezt hatte. Vom Myrtilus gab es mehrere Denkmähler in Griechenland. Die Art, wie er dem Pelops zum Siege half, ift fehr verfchieden erzählt worden. Sehr finnreich war die Erfindung eines alten Mahlers, der das Wettrennen gemahlt hatte *). Cupido fchnitt die Axe am Wagen des Oenomaus ein, eine Allegorie auf die Liebe des Myrtilus zur Hippodamia, welche ihn bewog, dem Pelops feine Hülfe zu verfprechen, unter der Bedingung eines wenn gleich nur kurzen Genuffes *).

In der äufserften Spize des rechten Winkels vom Giebel, oder wie Paufanias von der andern Seite fich ausdrückt,

Reliefs gefchah. Allein auf diefem Relief ftand keine Schrift neben den Figuren.

u) Philoftr. jun. Imag. 873 p.
v) Paufan. VIII. 14.

drückt, da wo das Giebelfeld ins Enge
zufammengeht, lag der Cladeus *w*),
ein Flufsgott, mit dem Arm auf eine
Urne gelehnt, oder fie im Arme haltend.
Diefe liegende Figur pafste
recht gut in den engen Raum, und
machte das Gegenftück zu dem Alpheus,
der in der Ecke gegen über
angebracht war. In der Nähe des
leztern war das Rennen gehalten worden,
und feine Figur diente zur Anzeige
des Orts der Handlung *x*). Jenen,
der zwar auch in der Gegend fliefst,
hatte Päonius vorgeftellt, entweder,
um den leeren Raum zu füllen, oder
weil nach einer Erzählung der Cladeus
der Standpunct war, von wo aus das
Rennen

w) πρὸς αὐτῷ δὲ κατάκειται τῷ πέρατι Κλα-
δεός — καὶ αὖθις ὁ ἀετὸς κάτεισιν ἐς στε-
νὸν — Xenophon VII, 4, 29. hift. gr. nennt
ihn Κλαδαος.

x) S. von ihm VIII. 54. V, 23.

F

Rennen anfieng *y*). Uebrigens verehrten die Eleer den Cladeus nächſt dem Alpheus am meiſten unter den Flüſſen. Er hatte auch einen Altar in der Altis *z*).

Auf dem einen Gemählde bey dem Philoſtratus *a*) war nur der Alpheus gemahlt, er reichte dem Pelops einen Kranz aus wildem Oehllaub, er nahm alſo mehr Theil an der Handlung, als gewöhnlich dergleichen Figuren auf alten Kunſtwerken. Die gedachte Urne zeigt auch eine Figur eben des Alpheus, ſie liegt in der Höhe, wie öfters die Flufsgötter auf Reliefs. Die Künſtler wuſten oft die Entfernung nicht beſſer auszudrücken.

Dem Jupiter zur linken war Pelops und Hippodamia, der Wagenlenker, (den der olympiſche Cicerone dem Pauſanias

y) Schol. Apoll. Rhod. I. I.
z) Pauſ. V. 15.
a) Philoſtr. 789.

fanias Cillas, die Trözenier aber Sphärus nannten [b]) zwey Stallknechte, und der Alpheus, alle diefe fo geftellt, wie die gegenüberftehenden.

Man ficht aus der bisherigen Erzählung, Päonius hatte mehr auf die Gleichheit der Figuren an Zahl und Stellung, als auf Abwechslung in der Compofition gefehn, er hatte fie ohne gemeinfchaftliche Handlung hingeftellt, und fich dabey nach dem Raume des Feldes gerichtet. Nächft am Jupiter ftanden die Helden zu beyden Seiten mit den Frauen, dann die Wagenlenker auf den Wagen, die Pferde gekehrt nach den Ecken des Giebels, bey ihnen die Stallknechte, und in den Winkeln lagen die zwey Flufsgötter. Beffer fcheint die Zufammenfetzung auf dem Hautrelief des Alcamenes

[b] cf. II. 33.

menes gewefen zu feyn, das ich nun befchreiben werde.

In dem hintern Giebelfelde hatte diefer Künftler, der gröfste Schüler des Phidias, und nach ihm der gröfste Bildhauer*c*), das Gefecht der Centauren und Lapithen bey der Hochzeit des Pirithous in erhobener Arbeit gebildet. In die Mitte des Feldes war die Hauptfigur, der Pirithous geftellt, neben ihm ftand auf der einen Seite Eurytion, ein Centaur, der ihm feine Braut, die Hippodame raubte. Cäneus, ein Lapithe half dem Pirithous *d*). Auf der

c) Kuhns glückliche Verbefferung κατά φήδιαν ftatt κατά ιδίαν ift fchon von Goldhagen aufgenommen worden. αὐτῷ in ὄπισθεν zu verändern ift nicht nöthig.

d) Neftor nennt ihn unter den grofsen Helden, die er in feiner Jugend gefehn hatte. Hom. Il. α. 264 und das Gedicht vom Schilde des Hercu-

der andern Seite war Thefeus; er fchlug mit einem Beile auf zwey Centauren los, der eine davon war im Raube eines der Mädchen begriffen, die zu der Hochzeit eingeladen waren, der andre raubte einen fchönen Knaben. Auch diefe Fabel gehört unter diejenigen, welche in den vielen Gedichten vom Thefeus und den Pelopiden von den alten Dichtern verfchieden erzählt und von Künftlern demnach verfchieden behandelt wurden. Auf dem Wandgemählde im Tempel des Thefeus zu Athen hatte Thefeus einen Centaur fchon getödet; die andern Centauren und Lapithen waren im Gefecht noch begriffen *). Das Gemählde

Hercules 178. Die Hippodame oder Hippodamia wird auch Deidamia genannt. Plut. Thef. 30.

*) Paufan. I. 17. Auf einem Schilde einer Minerva des Phidias zu Athen war auch das Gefecht.

mählde muſs eine weitläuftigere Compoſition, als das Relief des Alcamenes geweſen ſeyn. Beym Ovid nimmt Theſeus, nicht Cäneus, dem Eurytus die Geliebte des Pirithous wieder ab. Aber welche Einförmigkeit würde in Gedichten und Kunſtwerken entſtanden ſeyn, wenn Dichter und Künſtler nicht die Nebenumſtände einer Fabel hätten verändern dürfen! Dieſe Verſchiedenheit befremdet alſo nicht, wohl eher die Wahl dieſer Geſchichte, die weder auf den Jupiter noch auf die Eleer eine Beziehung zu haben ſcheint. Pauſanias glaubt zwar, Alcamenes habe dieſe Fabel gebildet, weil er aus den Gedichten Homers wuſte, daſs Pirithous ein Sohn Jupiters war (nemlich von der Lariſſa, der Gemahlinn des

---

Gefecht. id. I. 28. S. auch Pitture d'Ercolano. T. 1. T. 2. Scutum Herc. 177 f. Plin. hiſt. nat. 36, 5.

des Ixions*f)* und Thefeus ein Urenkel des Pelops, (feine Mutter Aethra war die Tochter des Pitheus, und diefer hatte den Pelops zum Vater *g*). Allein fo nahe und noch näher waren auch andre berühmte Helden mit Jupiter verwandt, und unter ihren Thaten waren mehrere, die Alcamenes hätte darftellen können. Er mufs alfo wohl eine andre Urfache gehabt haben, warum er diefe Fabel wählte; ich glaube, weil fie fehr vortheilhaft zur Darftellung war. Die Vereinigung junger fchöner Helden mit den fabelhaften Thiermenfchen verurfachte eine angenehme Mannigfaltigkeit in Figuren und Stellungen. Diefe Wahl verräthet den guten Künftler; er hatte feine Figuren auch nicht unthätig hingeftellt, fondern fie zu einer gemeinfchaftlichen

F 4 Hand-

f) Iλ. ξ, 317. 318.

g) Apollod. III. 15, 7. Plut. in Thef. 3. et al.

Handlung verbunden. Das Ganze beftand aus zwey Gruppen Zu der einen gehörte Pirithous und Cäneus, welche mit dem Centaur Eurytion ftritten; diefer hatte vermuthlich die weggenommene Hippodame auf dem Pferdesrücken, und die Lapithen wollten fie ihm wieder entreifsen. Die beyden andern Centauren, mit ihrer Beute ebenfalls hinter fich, und Thefeus machten die zweyte Gruppe aus. Es verdient noch zum Ruhme des Alcamenes bemerkt zu werden, dafs er auch die Nebendinge nicht vernachläffigt hatte. Thefeus nemlich war mit einem Beile bewaffnet, nicht mit einem Schwerdte, wie auf einem herculanifchen Gemählde. Denn der Streit entftand bey einer friedlichen Zufammenkunft, bey einer Hochzeit, wobey die Gäfte ohne Waffen erfchienen. Das Beil aber, was er ergriffen hatte, mufs eins von denen gewefen feyn,

feyn, die bey dem Schlachten der
Thiere zum Opfer, und bey dem Zer-
fchneiden des Fleifches zur Mahlzeit
gebraucht worden waren. Ein folches
Beil nahm diefer Held als ein fieben-
jähriger Knabe bey einem Gaftmahle
von einem der Bedienten, und gieng
damit auf die Löwenhaut des Hercules
los, welche diefer abglegt hatte, und
die Thefeus für das Thier felbft hielt *h*).

Aufser diefen befchriebenen Reliefs
fah Paufanias noch welche über den
Thüren der Celle (τȣ ναȣ) und des
Opifthodomus. Dafs fie nicht gefchnizt,
fondern von Stein oder Marmor waren,
leidet wohl keinen Zweifel, weil das
ganze Tempelhaus von Stein war *i*):
den

h) Paufan. I. 26.
i) Chandler meynte das erftere. Reife p. 413.
auch Barthelemy hat diefe Stelle ganz falfch
verftanden, und daher ift auch dies Stück
der Befchreibung (T. III. V. du j. An. p. 479).
unrich-

den Plaz derselben bestimmt Pausanias
nicht deutlich. genug. Meiner Meynung nach befanden sie sich nicht etwa
in Feldern über den Thüren. Denn
diese sind an den alten Tempeln sehr
hoch, und es war also nicht Raum
genug zu so vielem Bildwerk. Sondern die Mauer des Tempelhauses
hatte eine Frise, und die über dem
Eingange zu der Celle und zu dem
Opisthodomus war mit erhobener Arbeit ausgeziert. Die Frise an den
langen Seitenmauren war also vermuthlich glatt, am Parthenon ist auch diese
voll von Bildwerk. An diesem ist es
auch die Frise über den 6 Säulen, die
vorne

unrichtig. Er sagt, man habe auf die bron-
zenen Thüren Arbeiten des Hercules gravirt.
Das kann ὑπὲρ τῶν θυρῶν ἴσι nie heissen.
Auch scheint nur die eine oder die andere
Thüre von Bronze gewesen zu seyn, weil
Pausanias nur einer das Beywort χαλκᾶς
giebt, wahrscheinlich war es die vordere.

vorne und hinten hinter den 8 vordern
ftehn, welche damit geziert ift; am
olympifchen Tempel hingegen mufs es
die Frife der Mauer des Tempelhaufes
hinter den Säulen gewefen feyn; denn
das Relief war über den Thüren,
wie Paufanias fagt, nicht über den
Säulen *k*).

Der Gegenftand waren Thaten des
Hercules, der den heiligen Hayn zu
Olympia feinem Vater abgefteckt, und
den Rennplaz mit Bäumen bepflanzt
und die Spiele angeftellt hatte *l*). Ueber
dem Haupt-Eingange waren 5, über
dem hintern 6 Thaten gebildet, alle
11 zufammen, eine ausgenommen,
eben die, welche Apollodor zu den
12 Haupt-

k) Diefen Unterfchied macht er fonft z. B. II,
17. τὰ ὑπερ τοὺς κίονας ἐςὶν ἐιργασμένα.

l) Pindar Olym. X, 51. feqq. III. 24. feqq.
II, 5.

12 Hauptunternehmungen rechnet ᵐ). Der Mangel an Raum, scheint es, hinderte den Künstler, dessen Nahmen wir nicht kennen, auf der einen Seite soviele, als auf der andern anzubringen; denn unter den 5 Thaten sind mehrere, welche wegen der Gruppen, einen gröfsern Plaz einnahmen, als die meisten der 6 andern. Dafs die alten Künstler öfter eine oder die andre That wegliefsen, auch wohl für diefe oder jene eine fezten, welche nicht in die Zahl der 12 gehörte, davon find die Reliefs am Tempel diefes Helden zu Theben ein Beweifs ⁿ). Von den im Alterthume fo häufigen Kunstarbeiten, welche die Fabel des Hercules zum Gegenstande hatten, find noch einige

m) II. 5. 1 seqq.
n) Paufanias IX, 11. Sie waren von Praxiteles. Bey Alyzia in Acarnanien waren welche von Lyfipp. Strabo X. p. 705.

einige übrig, deren ich beyläufig gedenken werde.

Folgende Thaten werden als die 5 über dem Eingange der Celle genannt:

1. Der Fang des arcadifchen Ebers, der unter dem Nahmen des Erymanthifchen bekannter ift. Auf einigen alten Reliefs trägt ihn Hercules auf der Schulter *o*), oder vor fich *p*).

2. Die Ermordung des Thracifchen Königs Diomedes. Auf der Concha bey Winkelmann fchlägt er mit der Keule nach ihm, und hält mit der linken feine Pferde. Eine Gruppe im Mufeo Pio Clementino unter Lebensgröfse ftellt ihn eben fo vor *q*).

3. Der

o) Winkelmann Monum. antichi nro 66. Mufeo Pio Clementino. T. IV. T. 42.
p) ibid. tav. 40.
q) T. II. tav. 7.

3. Der Streit mit dem dreyleibigen Geryon zu Erythea, dem nachherigen Gades. Die That findet man nicht so häufig, als die andern. Die Gruppe im Museo P. Clem. ist so wie die vorige das einzige Werk der Art, wenn gleich keins der besten *r*).

4. Hercules will dem Atlas seine Last, die Himmelskugel abnehmen. Dies hatte auch Panänus an der Wand um den Thron Jupiters gemahlt. Atlas allein mit der Himmelskugel erscheint auf mehrern geschnittenen Steinen, und andern alten Denkmählern, auf dem Relief aber muss Hercules neben

---

r) Ibid. tav. 6. Diomedes und Geryon sind zu klein gegen den Hercules. Die Nebenwerke sind ganz vernachläsigt. S. auch Winkelmann l. l. Auf dem Kasten des Cypselus stand dieser Streit auch Pauf. V. 19.

neben ihm geftanden haben, in einer Stellung, als wenn er ihm die Laft abnehmen wollte. Auf dem Kaften des Cypfelus war er neben ihn geftellt mit einem Schwerdte in der Hand *).

5. Hercules reinigt das Land der Eleer, oder wie andere weniger übertrieben fagten, den Hof des Augeas, der im Eleer Lande lag, vom Mifte — eine fchmuzige Handlung, welche zur Darftellung auf einem Kunftwerke gar nicht fchicklich zu feyn fcheint. Praxiteles hatte fie auch deswegen vermuthlich weggelaffen *), und fie kommt, fo viel ich weifs, auf keinem Kunftwerke vor. Indeffen wäre es doch gut, wenn wir wüfsten, wie der Künftler fie vorgeftellt

*) Paufan. ♥, 18.
*) id. IX, 11.

ftellt hatte. Hercules, fagt die Fabel, leitete den Alpheus und Peneus *) in den Hof des Augeas und machte einen Ausflufs, wodurch der Unrath abgeführt wurde *v*). Vielleicht war alfo ein Flufsgott gebildet, deffen Urne Hercules anfafste, und zur Seite drehte; auf diefe Art wäre dann die Vorftellung anftändig gewefen. Auf dem angeführten Gefäfse *w*) liegt auch ein Flufsgott, dem Hercules ein grofses Gefchirr vorhält. Winkelmann erklärte es für die Austrocknung des Waffers im fchönen Thale Tempe. Aehnlichkeit hat wenigftens diefe Vorftellung mit der andern, und vielleicht foll fie jene Handlung anzeigen.

Die

u) Paufanias nennt den Minyeus, V. 1.
v) Apollodor II. 5. 5.
w) Winkelm. l. l.

Die 6 Thaten über der Thüre des Opiſthodomus waren folgende:

1. Hercules nimmt der Amazonen Königihn Hippolyte den Gürtel *), eine That, die auf Kunſtwerken nicht vorkommt. Der Stein, auf welchem Guattani ſie zu ſehn glaubte, ſtellt etwas anders vor. Die weibliche auf die Kniee geſunkene Figur, welche Hercules in den Armen hält, hat gar kein Kennzeichen einer Amazone y). In der Altis war ſie zu Pferde vorgeſtellt, und Hercules im Streite mit ihr wegen des Gürtels z).

2. Her-

---

x) nach dem Apollodor II. 5. 9. Anders Diodor IV. 16. Menalippe löſte ſich durch ihren Gürtel aus der Gefangenſchaft.

y) Monumenti antichi ined. per l'anno 1785. Nov. T. II.

z) Pauſ. V, 25.

G

2. Hercules mit dem ceryneïfchen Hirfch. In der Erzählung, wie er vom Hercules gefangen oder eingehohlt wurde, giengen die Dichter fehr von einander ab; auf den Kunftwerken hält ihn Hercules bey dem Geweihe, und drückt ihn mit dem Kniee nieder *).

3. Hercules überwältigt den cretenfifchen Stier. Auf den alten Reliefs fafst er ihn bey dem einen Horne, und hebt die Keule gegen ihn auf.

4. Er fchiefst die ftymphalifchen Vögel mit feinen Pfeilen, eine bekannte Vorftellung. * Praxiteles hatte diefe That am Tempel zu Theben weggelaffen, und ftatt dérfelben und der Reinigung des Hofs

a) Winkelm. mon. nro. 65. Muf. P. Cl. I. I.

Hofs des Augeas den Kampf mit
dem Antäus abgebildet.

5. Hercules tödet die lernäifche
Hyder.

6. Er erwürgt den nemeäifchen Löwen, zwey in Denkmählern aller
Art bekannte Thaten.

Beyläufig erwähne ich hier noch
eines Kunftwerks, das eigentlich nicht
unter die gehört, zu deren Erklärung
diefe Schrift beftimmt ift. Am Ende
der bisherigen Befchreibung des Tempels und feiner Verzierungen, fagt
noch Paufanias: Wenn man in die
broncenen Thüren hereingeht, fteht
zur rechten vor der Säule, Iphitus,
der von einer weiblichen Figur Ecechiria gekrönt wird [b]). Der Sinn diefer
Gruppe

b) Τὰς Θύρας δὲ ἰσιόντι τὰς χαλκᾶς ἔςιν ἐν
δεξίᾳ πρὸ τοῦ κίονος Ἴφιτος ἀπὸ γυναικὸς ςε-
φανού-

Gruppe ift leichter zu finden, als der Ort zu beftimmen, wo fie ftand. Ecechiria ift nicht die Gemahlinn des Iphitus, von ihr fagt die Fabel nichts ^c); fondern eine allegorifche Figur, welche den Waffenftillftand oder die Aufhebung aller Feindfeligkeiten während der olympifchen Spiele bezeichnet. Vor dés Iphitus Zeit waren diefe wegen der innern Unruhen in Griechenland lange nicht gehalten worden; er kündigte allgemeine Ruhe an, und erneuerte die Spiele wieder, weswegen er auch der Stifter derfelben genannt wurde ^d). Iphitus fcheint felbft den Sieg

φανούμενος 'Εκεχειριας, ώς το ελεγείον το επ' αυτούς φησιν. cf. c. 26. h. 1. Die Statuen waren ein Gefchenk des Smicythus vid. Herodotus. l. VII.

c) Goldhagen machte fie dazu in feiner Ueberfetzung, Faber Agonift. II. c. 26. hielt fie für allegorifche Figur.

d) Paufanias V. 4.

Sieg im Werfen mit der Scheibe davon
getragen zu haben, denn der Discus
deffelben wurde noch im Tempel der
Juno zu Olympia aufbewahrt *).

Hierauf nun bezog fich die allegorifche Vorftellung. Der perfonificirte Waffenftillftand, die Ecechiria fetzte dem Wiederherfteller oder Stifter der Spiele den Siegeskranz auf, infofern fie machte, dafs die Spiele gehalten, und der Sieg erlangt werden konnte. Nicht fo zuverläffig kann man angeben, welche broncene Thüren Paufanias meynt, ob es mir gleich wahrfcheinlich ift, dafs es die des Haupteingangs find. Zwifchen den 8 Säulen, welche fowohl die vordere als hindere Façade hatte, und der Mauer

*) eod. l. c. 20. Es ftand die Formel darauf, mit der die Eleer immer Waffenftillftand ankündigten, wenn die Zeit der Spiele anrückte. cf. Aefchines de falf. leg. p. 239.

Mauer des Tempelhaufes, worinnen der Eingang war, ſtanden noch 6 Säulen, und eine von diefen, nemlich die rechter Hand, wenn man in die Celle gehn wollte, meynt' Paufanias, vor ihr ſtand die Gruppe *f*), und noch andre Statuen daneben, welche Paufanias jezt übergeht *g*). In dem Juno Tempel

f) So muſs das ἐσιόντι verſtanden werden; an eine Säule von denen, welche in der Celle ſtanden, iſt nicht zu denken. cf. l. 24. wo ἐσιοῦσιν eben ſo zu verſtehen iſt, ehe man in den Parthenon kommt.

g) c. 26. h. l. Sie waren Gefchenke des Smicythus, der nach dem Tode des Anaxilaus die Herrſchaft über Rhegium und Zancle während der Minderjährigkeit feiner Kinder führte Ol. 76, 1. aber fie Ol. 78, 2. abtrat, und ſich nach Tegea begab, von wo er die Statuen nach Olympia fchenkte. Dies gefchah vor der Erbauung des Tempels; die Statuen haben alfo vorher wo anders geſtanden. Herodot VII. 170. Diodor IV. 48 und 66.

pel bey Mycenä war der Plaz vor dem
Eingange auch mit Statuen befezt *h)*.

Unter der grofsen Menge von
Kunftfachen, welche der Tempel in
fich fafste, war die Statue und der
Thron Jupiters bey weitem das vor-
züglichfte Werk, welches die ganze
alte Welt als ein Wunder anftaunte,
und von dem felbft der kalte Epictet
mit Wärme zu feinen Schülern fagte:
Ihr reifet nach Olympia, um des Phidias Jupiter zu fehn; zu fterben ohne
ihn gefehn zu haben, hält jeder für
ein Unglück *i)*. Ehe ich dem Paufanias Wort für Wort folge, will ich zuerft eine allgemeine Idee von dem ganzen Kunftwerke zu geben verfuchen.

Denn obgleich Paufanias diefe Arbeit des grofsen Phidias umftändlicher als

h) Pauf. II. 17.
i) Arriani Diſſert. Epict. I. 6.

als andre befchrieben hat, fo ift doch die Befchreibung des Throns insbefondre nicht fo genau und deutlich, dafs wir eine vollftändige und anfchauliche Vorftellung davon erhalten. Für feine Zeitgenoffen, die ähnliche Kunftwerke vor Augen hatten, mag fie verftändlich genug gewefen feyn. Indeffen giebt fie. doch keine allgemeine Ueberficht von der Form des Throns, und feiner Theile. Paufanias beftimmt nicht die Höhe der Statue, nicht die Maafse des Throns, nicht den Stoff aller Stücke, nicht ihre Verhältniffe zu dem Ganzen. Er befchreibt die einzelnen Theile nicht nach einer gewiffen Reihe, wie fie auf einander folgen, fondern er fpringt vom obern Theile des Throns auf den Fusfchemel und das Poftement; und diefer Mangel an Ordnung, den er auch in andern Befchreibungen fich zu Schulden kommen läfst, verurfacht mancherley Schwierigkeiten.

Jupiter,

Jupiter, von Gold und Elfenbein gemacht, fafs auf einem erhabenen Throne. Sein Haupt war mit Oehllaube bekränzt, in der rechten hielt er eine Victoria, in der linken einen Scepter oder langen Stab, auf deffen Spitze der Adler ftand. Er war bekleidet mit einem goldnen Gewande; feine Füfse ruhten auf einem Fusfchemel. Der Thron hatte die Geftalt eines Stuhls mit zwey Armen - und einer Rückenlehne. Die zwey Stäbe, auf welche die Arme gelehnt werden, lagen vorne auf 2 Sphinxen. Zwifchen den vier Füfsen giengen Querftäbe durch von einem zum andern, und aufser jenen waren noch vier Stützen untergefezt, damit der Thron das fchwere Gewicht der Statue beffer tragen konnte. Alles war auf mancherley Art verziert. Die Statue, deren Befchreibung ich nun erläutern werde, war ein Meifterftück des Phidias. Die

G 5   Infchrift

Inichrift an den Fufssohlen [k]) nannte ihn als den Künstler „Phidias des Charmides Sohn aus Athen hat mich gemacht."

Die Unterfuchung, in welcher Olympiade er die Statue verfertigt hat, hängt mit der Prüfung der verfchiedenen Nachrichten und Meynungen über feine Anklage und feine lezten Schickfale, und über die Zeit, wann er feine Minerva für den Parthenon gebildet hat, genau zufammen. Ein von verfchiedenen Grammatikern aus mehrern

Schrift-

---

[k]) Paufanias fagt, ἐπίγραμμα — ὑπὸ τοῦ Διὸς γεγραμμένον τοῖς ποσί unter den Füfsen Jupiters. Ich verftehe dies, an den goldnen Fufsfohlen, welche dick waren, fo dafs der Nahme grofs genug eingegraben werden konnte. An den Sohlen der Minerva zu Athen war ja gar die Schlacht der Lapithen und Centauren. Plin. hift. nat. 36. 5. 4. Sonft könnte man auch wohl an den Fufsfchemel denken, c. 11. τὸ ὑπόδημα τὸ ὑπὸ τοῦ Διὸς τοῖς ποσί.

Schriftstellern zusammengestoppeltes
Scholion¹), das nicht zusammenhängend, und fehlerhaft ist, verursacht
hauptsäglich und fast allein die Verwirrung der Zeitrechnung, und die
Verschiedenheit in den Meynungen
der neuern Gelehrten darüber. Aber
die sich widersprechenden Nachrichten,
die es enthält, entstanden ohne Zweifel nicht blos aus Unwissenheit und
Sorglosigkeit der Grammatiker, sondern auch aus den Verläumdungen,
welche die neidischen Zeitgenossen
und besonders die comischen Dichter
gegen den Pericles, Phidias und andre
grofse Männer ausstreueten, welche
hernach als Thatsachen geglaubt, und
von spätern Schriftstellern sogar in die
Geschichte als wahr eingetragen wurden.

¹) Zum Aristophanes in pace 604. S. H. H.
Heyne ant. A. I. 200. Note m. und 194.
Note t.

den. Plutarch felbft eifert mehrmals dagegen, und fagt, dafs fie die Sonderung der Wahrheit von falfchen Befchuldigungen fehr fchwer machten *m*).

Was ich hier über diefe ftreitige Sache anführe, ift mehr eine Wiederhohlung und Beftätigung der von Herrn Hofrath Heyne angeftellten Forfchung, als eine neue und eigene Meynung oder Muthmafsung. Höchft unwahrfcheinlich nemlich ift die Behauptung Winkelmanns, der Jupiter fey Ol. 87. 1. verfertigt *n*), die fchon Corfini, wiewohl nicht fo zuverläffig vorgetragen hatte *o*). Diefer beftimmte die Zeit nach der 86. Ol. oder gegen die 87. Er beruft fich auf jenes gedachte Scholion, wovon ein Stück fagt:

m) in Pericle c. 16.
n) Gefch. d. Kunft, S. 650. W. A.
o) Fafti Attici, T. III. p. 218 f.

fagt: Phidias wäre in den Verdacht gekommen, dafs er an dem Elfenbein zu den Schuppen an der Aegide der Minerva Unterfchleif gemacht habe, fey verurtheilt worden, und nach Elis gegangen, wo er die Statue Jupiters gemacht hätte; wie er damit fertig war, hätten die Eleer ihn getödet *p*). Wie wenig verdient eine folche Erzählung oder Verläumdung Glauben, die noch dazu unrichtig in Abficht deffen was Phidias entwandt haben foll, ift, und einen fehlerhaften Nahmen des Archons angiebt, unter dem die Begebenheit gefchehn feyn foll. Corfini ändert deswegen den Nahmen diefes und eines andern Archons, der vorher genannt wird, um feine Meynung zu beftätigen. Ift es wohl glaub-

p) Bey dem Seneca Controv. II, 8. wird erzählt, fie hätten ihm die Hände abgehauen, und fo den Athenern zurückgefchickt.

glaublich, dafs die Eleer einem Künftler, der sich eines so groben Verbrechens zu Athen schuldig gemacht hatte, aufgetragen haben würden, eine Statue für sie aus eben dem verführerischen Metalle und Elfenbein zu machen?

Ein andrer, eben so schwacher Grund des Corsini ist der: Weil die Eleer der Familie des Phidias die beständige Aufsicht und Erhaltung der Statue übertrugen, so müsse Phidias sich in Elis niedergelassen haben, und nicht wieder nach Athen gegangen seyn; er müsse also auch die Statue der Minerva vorher gemacht haben, die gegen Ol. 86 fertig geworden, und geweiht sey. Diese Nachricht des Pausanias q) von den φαιδρυνταις (so hiefsen die Nachkommen des Phidias, welche die

q) V. c. 14.

die Statue rein zu machen und in
gutem Stande zu erhalten hatten) beweifst, dünkt mich hinlänglich, dafs
das Verlanmdung war, was Phidias
zu Elis begangen haben follte. Würde
feine Familie da fo geehrt und verforgt
worden feyn, wenn er fich fo fchlecht
betragen hätte? Dies bringt mich auf
die Vermuthung, dafs, da Phidias
den glaublichen Zeugniffen nach zu
Athen unfchuldig ftarb, feine Familie
nach feinem Tode ihre Vaterftadt ver-
liefs, und in Elis Schutz und Ver-
forgung fand. Hieraus entftand dann
die Verwechfelung oder der Irrthum,
er felbft fey nach Elis gegangen, und
die Befchuldigung, er habe dort eben
fo pflichtwidrig wie in Athen gehan-
delt. Es fcheint mir, man verfuhr
mit diefem grofsen Mann in Athen fo
gewaltthätig, widerrechtlich, und über-
eilt, wie jezt in Frankreich mit vielen,
die der Gegenftand des Haffes der über-
mäch-

mächtigen Gegenpartey find, er wurde ohne Procefs in das Gefängnifs geworfen, und gefchwind aus dem Wege geräumt, fo dafs feine Todesart nicht einmahl recht bekannt wurde; um fo leichter entftanden dann verfchiedene Sagen von feinen lezten Schickfalen *r*).

Scheinbarer als diefe Beweife, ift der dritte, den Corfini anführt, und den Herr Hofrath Heyne fchon verworfen hat. Unten am Throne Jupiters ftand die Figur eines jungen Athleten, der fich das Diadem, den Preis des Sieges, umband. Er follte, fagt Paufanias, dem Pantarces, dem Liebling

r) Ariftophanes drückt fich über des Phidias Schickfal in allgemeinen Worten aus, es fey ihm übel gegangen (κακῶς πραξας). Dem Plutarch nach (Pericl. c. 31.) ftarb er im Gefängnifs; einige fagten an einer Krankheit, andre fagten an Gift. Philochorus beym Schol. des Arift. fagt weiter nichts, als er fey umgebracht worden.

ling des Phidias gleichen, und diefer hatte Ol. 86 den Sieg im Ringen der Knaben zu Olympia davon getragen. Folglich fchliefst Corfini zu voreilig, ift die Statue erft nach diefer Zeit gemacht. Es folgt aber nicht nothwendig, dafs die Binde des Pantarcès der Preis des Siegs zu Olympia war. Pantarces kann fie auch vorher und in andern Spielen erhalten haben, und es war auch blos Tradition, dafs die Figur ihm gleiche; war er es aber auch würklich, fo konnte Phidias einem der Athletenknaben die Geftalt feines Lieblings gegeben haben, ohne dafs deswegen diefer würklich fchon damals, als er die Statue machte, den Sieg davon getragen hatte. Was endlich Corfini zur Erweifung feiner Meynung p. 220 anführt, betrift nur die Minerva des Phidias. Er zieht nemlich aus einer Stelle im Plutarch die Folge, diefe Statue müffe um die 83. Olym-

H piade

piade angefangen feyn, und alfo hätte fie leicht um die 85. Ol. fertig feyn können. Wir wiffen aber aus einem viel deutlichern Zeugniſs *), daſs die Minerva Ol. 85, 2 fertig war, wiewohl fie damals noch nicht aufgeftellt worden zu feyn fcheint, fondern fpäter, als die Propyläen geendigt waren ').

Viel wichtiger find die Urfachen, warum Phidias nicht in der 86 oder 87. Olympiade den Jupiter verfertigt haben kann. In diefer Zeit hat er Athen nicht verlaffen, und nach Elis gehn können. Denn er führte die Ober-Auffucht über alle Gebäude, die Pericles aufrichten liefs, und aufserdiefem Gefchäfte hatte er noch feine eignen Arbei-

r) Chronico Euf. ad h. a.

s) Philochorus führet diefe Auffiellung in feiner Gefchichte unter dem Archon Pythodor an, alfo in Ol. 86, 4. oder Ol. 87, 1. vergl. H. H. Heyne ant. Auff. I. 198. 199.

Arbeiten *). Nachdem die grofsen Werke nun vollendet waren, (das lezte waren die Propyläen) Ol. 86. 4. wurde Phidias angeklagt, und unterlag dem Hafs und Neid feiner und des Pericles Feinde. Wenn es auch nicht glaublich ift, dafs fein unglückliches Schickfal die Urfache war, weswegen Pericles den peloponnefifchen Krieg anftiftete, fo bleibt doch das gewifs, die Anklage und das Unglück des Phidias mufs kurz vor dem Ausbruche des Krieges erfolgt feyn; und darinnen ftimmen Plutarch und Philochorus überein, dafs er umkam, wenn gleich die Art feines Todes auf verfchiedene Weife erzählt wurde. Mithin fällt auch die Zeitrechnung Winkelmanns weg.

Es läfst fich ferner nicht denken, dafs die Eleer achtzehn bis zwanzig Jahre,

*) Plut. in Pericle, c. 13.

Jahre, nachdem fie, wie ich oben gezeigt habe, den Tempel zu bauen angefangen hatten, follten gefäumt haben, ehe fie die Statue dazu machen liefsen. Beyde wurden in einer Zeit, oder doch fehr kurz nach einander errichtet, nach dem Siege über die Pifater; und fo wenig kleinere Gefchenke, die einer Gottheit nach irgend einem glücklichen Vorfalle gebracht werden follten, lange aufgefchoben wurden, eben fo wenig zögerte man mit gröfsern Werken, die ihr zu Ehren aufgerichtet werden follten.

Endlich fcheint es mir auch wahrfcheinlich, dafs Paufanias, wenn die Statue fo kurz vor oder zu der Zeit des peloponnefifchen Krieges verfertigt worden wäre, diefe fo wichtige Begebenheit in der griechifchen Gefchichte zur Zeitbeftimmung angeführt haben würde.

Es

Es bleibt demnach am wahrfcheinlichften, dafs Phidias den Jupiter in Elis eher als die Minerva, und vor der Aufführung der grofsen Gebäude in Athen verfertigte. Ob aber die Grenze diefer Unternehmungen fo fcharf zu ziehn ift, dafs mit dem Anfange der drey und achtzigften Olympiade auch Pericles zu bauen anfängt, und ob daher Phidias vor der genannten Olympiade den Jupiter gendigt haben müffe, wie Herr Hofrath Heyne *v*) annimmt, dies getraue ich mir nicht zu beftimmen. Der Erzählung des Plutarchs nach *w*) fcheint es mir glaublich, dafs Pericles nicht unmittelbar nach Cimons, feines Nebenbuhlers Tode (Ol. 82. 4.) Athen mit Tempeln und Kunftwerken zu verfchönern anfieng, fondern dafs noch einige Zeit verftrich, ehe er dies neue Mittel ergriff,

v) Antiq. Auff. I. p. 203. und p. 188.
w) in Pericle II. 12. 14.

griff, sich das Volk auf eine kluge und dem Staate nützliche Art verbindlich und geneigt zu machen, indem er ihm Arbeit und mit diefer Unterhalt und Gewinst verschafte. Im ersten Jahre der 83. Olympiade nemlich stand ein neuer Widersacher gegen ihn auf, Thucydides, der ihm bald das Gleichgewicht hielt. Nun wandte Pericles mancherley Kunstgriffe an, das Uebergewicht über ihn und seine Anhänger wieder zu gewinnen und darunter war auch die Unternehmung grofser Gebäude, wodurch er das Volk beschäftigte und ernährte. Wenn nun also Phidias noch in der 83. Olympiade, wenigstens dem Anfange derselben, in Elis an seinem Jupiter arbeitete, und ihn vollendete, so erklärt es sich noch deutlicher daher, warum Plinius [*] seinen Flor in diese Olympiade

[*] XXXIV. S. 19. c. 8. Hist. nat.

piade fetzt, in der diefer Künftler fein
berühmteftes Werk verfertigte.

Wie hoch war nun diefer Jupiter,
wie grofs und breit war das Poftement?
Dies ift das erfte, was man in einer
guten Befchreibung zu lefen verlangt,
aber weder Paufanias noch Strabo geben das Maas an. Jenem verzeiht
man es um fo weniger, da er es wufte,
und mehrere Schriftfteller es aufge-
zeichnet hatten *), unter andern nennt
Strabo den Callimachus von welchem
es in einem Jamben beftimmt war *).

Paufa-

*) Μέτρα δὲ τοῦ ἐν 'Ολυμπίᾳ Διὸς ἐς ὕψος
καὶ εὖρος ἐπισάμενος γεγραμμένα —

*) VIII. p. 542. Ἀνεγράψαν δέ τινες τὰ μέ-
τρα τῶ ξοάνε, καὶ Καλλίμαχος ἐν ἰάμβῳ
τινὶ ἐξᾶπε. Die Jamben des Callimachus
werden von Scholiaften und andern Schriftftellern mehrmals angeführt. S. die Zeug-
niffe und Fragmente in Callim. ed. Ernefti,
T. I. p. 455 f. Aber die auf die olympifche
Statue find verlohren.

Paufanias hielt die Angaben für zu gering, und aus einer Art von religiöfer Furcht und Wunderglauben die man ihm mehrmals anmerkt, fah er die Statue für gröfser an, als fie angegeben wurde, und vielleicht fcheuete er fich fogar deswegen das Maas des Gottes anzuzeigen, der feine Zufriedenheit mit der Kunft des Phidias, wie er fagt, durch einen herabgefchleuderten Bliz follte zu erkennen gegeben haben. Unglaublich aber ift die Gröfse, welche im Hygin und von einem Ungenannten der Statue beygelegt wird, dafs fie nemlich 60 Fufs hoch gewefen fey*a*), wenn man auch das Poftement mit dazu rechnet. Denn die Höhe des ganzen Tempels beträgt nur 68 Fufs, und

---

a) Fab. 223. Anonymus de incredibilibus c. 2. ap. Munkerum ad l. l. Heyne über das Elfenbein der Alten. Neue Bibl. d. fch. Wiff. XV. B. p. 27. hielt die Angabe für falfch.

und hievon nehmen die 3 Stufen um
den Tempel, und der um ein oder
zwey Tritte noch höhere Fufsboden
der Celle, wo die Statue ftand, einen
Theil weg, und Jupiter reichte nicht
ganz an das Dach, deffen Höhe auch
noch von den 68 Fufs abgerechnet
werden mufs. Nimmt man hiezu, dafs
die Statue der Minerva im Parthenon,
welcher die Gröfse des olympifchen
Tempels hatte, nur 26 Ellen oder
39 Fufs hoch war [b]), (nemlich ebenfalls
mit dem Poftemente) fo kann man
noch weniger an der Unrichtigkeit des
vom Hygin angezeigten Maafes zweifeln. Strabo [c]) macht zwar die Bemerkung, der Jupiter fey zu grofs im Verhältnifs zur Höhe des Tempels gewefen. Dies Unverhältnifsmäfsige kann
aber blos darinnen beftanden haben,

dafs

[b]) Plin. hift. nát. 36, c. 5.
[c]) l. l.

dafs Jupiter fchon fitzend fo hoch war, als wenn er aufrecht, wie die Minerva, geftanden hätte, und dafs man ihn in der Geftalt fich nicht ftehend in dem Tempel denken konnte. Es ift eine alltägliche Erfahrung, wie viel allgemein angeftaunte Dinge in den Augen und dem Munde der Menfchen grofser werden, und wenn eine Sache zu den Wundern der Welt gezählt wird, fo kann man ficher darauf rechnen, dafs fie durch die allgemeine Sage erft dazu erhoben wurde. So coloffalifch grofs demnach der Jupiter gewefen feyn mufs, fo glaube ich dennoch nicht, dafs er viel höher als die Minerva war, der Unterfchied beftand darinnen, dafs Jupiter fitzend etwas gröfser war, als Minerva ftehend, in der Höhe beyder Statuen mit den Poftementen war keine grofse Verfchiedenheit. Die Höhe der Celle des Parthenons vom Fufsboden bis an das Dach

Dach des Porticos überſteigt nicht 43 Fuſs *d*), im olympiſchen Tempel, der etwas höher wie der Parhenon war, kann ſie nur wenig mehr betragen haben, und da Jupiter mit ſeinem Kopfe beynahe an die Decke reichte, ſo darf man nur wenig an dem angegebenen Maaſe abziehn, um die Höhe der Statue mit dem Poſtemente daraus ungefehr zu berechnen. Es folgt zugleich hieraus, daſs, wenn Plinius die Minerva im Parthenon für 39 Fuſs hoch angiebt, das Poſtement mit dazu gerechnet werden muſs *e*). Wie aber nun

---

d) Ich habe die Maaſse aus Stuart Vol. II. ch. 1. pl. III. genommen, wo die Höhe der Säulen des Gebälkes u. ſ. w. genau angegeben iſt. Die Säulen nemlich von den Stufen an mit der Architrave, Friſe bis an den Giebel haben 45 F. 5 Z. 2 L. Höhe, hievon muſs die Höhe der zwey Tritte, um welche die Celle höher liegt, abgerechnet werden.

e) Es beweiſet dies noch ein Umſtand. Wir wiſſen, die Victorie auf der Hand der Minerva

nun die Höhe deffelben fich zur Gröfse der Statue verhalten habe, dies bleibt unbekannt. Es ift zwar eine Stelle im Paufanias, auf welche man eine Muthmafsung vielleicht wagen möchte. Auf den obern Porticos, fagt er*f*), könne man zu der Statue kommen. Dafs ein Zugang dazu gewefen feyn mufs, läfst fich ohnehin fchon denken, weil fie von den Phaidrynten rein und in gutem Stande erhalten werden mufste. Stiefs nun aber die obere Gallerie an die Statue,

nerva war 4 Cubitos grofs. Paufan. I. 24. Auf einer Münze der Athenienfer aber, welche die Minerva mit der Victoria darftellt, wie Pauf. die im Parthenon befchreibt, hat die Victorie mehr als den 4ten Theil der Gröfse der Minerva. Wollte man alfo die Höhe der Statue allein zu 39 Fufs, oder 26 Cubitis rechnen ohne das Poftament, fo müfste die Victorie mehr als 6 Cubitos grofs gewefen feyn.

f) in f. c. 10. σοαὶ ὑπερῷοι· καὶ πρόοδος δὶ αὐτῶν ἐπὶ τὸ ἄγαλμα ἐςι.

tue, fo dafs man von ihr auf das Poftement treten konnte, fo hätte diefes
die Höhe des untern Säulenganges, die
Statue aber beynahe die Höhe der
obern Gallerie gehabt, über welcher
das Dach lag. Aus der Vergleichung
der Höhe der innern Säulen in dem
Tempel zu Päftum mit der, welche
diefelben im olympifchen Tempel gehabt haben müffen, (das verfchiedene
Verhältnifs der Höhe zur Dicke nicht
vergeffen) kämen an 25 Fufs zur Höhe
des Poftements, und gegen 14 zur Höhe
der fizenden Statue. Freylich wäre
dies Maas des ganzen Kunftwerks viel
kleiner, als das was Hyginus ein unzu-
verläfsiger Schriftfteller angiebt, allein
die fizende Statue bleibt demungeachtet immer noch coloffal, und das
Poftement würde das gute Verhältnifs
zu derfelben haben, welches in der
Kunft-Lehre gefordert wird. Indeffen
könnte es demungeachtet niedriger,
und

und die Statue noch höher gewefen feyn, wenn auch ein Zutritt von der obern Gallerie zu derfelben gemacht war.

Wenn man die Befchreibung der Statue und des Throns lieft, fo erftaunt man billig über die Menge, Mannigfaltigkeit und Koftbarkeit der Materialien, welche daran, man möchte wohl fagen, verfchwendet waren. Wie viel Gold und Elfenbein war nur zur Statue allein nöthig, das am Throne und Poftemente ungerechnet. Das Ebenholz und die Edelfteine waren nicht weniger koftbar. Kurz, die ganze Maffe war, wie fich in der Folge zeigen wird, eine Zufammenfetzung aus allem, was in der alten Welt für prächtig und koftbar gehalten wurde, und diefe Materialien hatten in den Händen der vielen und vielerley Künftler, von welchen fie bearbeitet waren, einen noch höhern Werth erhalten. Gewifs trug

trug die Pracht des Kunſtwerks, die verſchwenderiſche Ueberladung mit Zierrathen nicht wenig zu der groſsen Bewunderung deſſelben bey, von welcher die, welche es ſahn, hingeriſſen wurden. Den gröſsten Theil blendete der Glanz des Goldes, die Weiſse des Elfenbeins, die Farben des Schmelzes; und die groſse Zahl von kleinern Figuren, die vielen Nebenwerke, die Verzierungen jedes Stückes am Throne zogen die Augen der meiſten Fremden auf ſich. Der Kenner betrachtete mit ſtillem Entzücken das Bild eines Gottes, das die begeiſterte Phantaſie eines Künſtlers ſchüf, er wünſchte das ganze, beſonders den Thron vielleicht einfacher, und fand die Ueberladung mit ſo verſchiedenartigen Verzierungen tadelhaft wie in unſern Zeiten der Graf Caylus, und Heyne[g]), wenn er nicht die

g) Antiq. Auff. p. 70. 1. St. Novi Comment. Soc. Gott. T. II. p. 108.

die Wahl der koftbarften Materialien und
die kunftvollfte Ausfchmückung des Bildes als ein Zeichen der Verehrung des
höchften unter den Göttern anzufehn
gewohnt war. Die Eleer hatten aus
Ehrfurcht alles, was die Erde fchätzbares trägt, geweiht, das Bild des
Königs der Götter damit zu fchmücken,
und dies vermehrte die Ehrerbietigkeit
gegen denfelben, wie der Schmuck
eines irdifchen Königs ihn den Menfchen ehrwürdiger macht. Phidias
aber hatte ihm mehr gegeben, als fie,
das, was die Erde nicht hat, übermenfchliche Hoheit, Majeftät und
Würde. Unter den vielen Gottheiten,
welche die Griechen verehrten, war
gewifs keine, deren Macht und Erhabenheit in einer lebhaften Phantafie fo
grofse Gedanken und Bilder erwecken
konnte, als diejenige, welche man
für die Urfache der Naturerfcheinung
anfah, die fo mächtig auf alle Menfchen,

fchen, am meiften auf die mit den Kräften der Natur unbekannten, würkt. Ift nicht der Donner, welcher die Erde erfchüttert, der Bliz, welcher die höchften Bäume zerfchmettert, das Phänomen, welches am meiften Furcht und Schrecken erregt, und den Gedanken von höchfter Kraft und Stärke erzeugt? Dies find die Zeichen, mit welchen Jupiter feinen Unwillen, aber auch fein Wohlgefallen zu erkennen giebt. Aus diefer Volks-Meynung entftand das erhabene Bild Homers, Kronion winkte mit feinen dunkeln Augenbraunen, es bewegten fich die wohlduftenden Haare feines unfterblichen Hauptes, und der grofse Olymp erbebte [h]). So mächtige Würkungen dichtete Homer, welche nur die fanfte Kopfbewegung des Konigs der Götter verurfachte; und Phidias zeigte die Majeftät und

[h]) Il. A. 528. 29. 30.

und Macht in feinem Bildniffe, welche folche Würkungen bervorbringen konnte. Erfüllt und begeiftert von der Schilderuug des Dichters, erzählte man, liefs der Künftler den Gott vor den Augen der Menfchen der Schilderung gemäfs erfcheinen *i)*. Nach diefer, foll er felbft gefagt haben, bildete er den Jupiter als Panaenus, oder wie Valerius Maximus unbeftimmter fpricht *k)*, ein Freund ihn fragte, woher er die Idee zu feinem Bilde genommen hätte. Aber fie lag wohl im Vorftellungsvermögen des Phidias, wie Cicero bemerkt *l)*; die Züge und Umriffe der Geftalt waren durch die Vorftellungen von der Macht des Gottes, und durch die Schilderungen der Dichter, befonders des Homer allmählig vor-

i) Strabo VIII. p. 543.
k) III, 7, 4 ext.
l) Orator 2.

vorgebildet, und wie nun Phidias einen Jupiter bilden follte, fo kann immer jene Stelle Homers feiner Phantafie den Grad von Lebhaftigkeit und Würkfamkeit gegeben haben, dafs fie jene fchon aufgefafste Züge auf einmahl zu einem Bilde zufammenfetzte, deffen Gleichen weder vor noch nach ihm ein andrer Künftler je gefchaffen hat. Es war das erfte, das höchfte Ideal. „Phidias Jupiter, fagt Wie„land ᵐ), das vollkommenfte und be„wundernswürdigfte, was jemals Men„fchenhände gefchaffen haben, (wie „Cicero aus dem Munde einer ganzen „Welt fagt,) erfchien unter den Grie„chen, wie eine auf einmahl vor ihren „Augen ftehende Gottheit, durch nichts „vorhergehendes angekündigt, durch „nichts folgendes erreicht, in einer
„Voll-

ᵐ) von den Idealen der Alten; in den kleinen Schriften, 1 B. p. 164.

„Vollkommenheit, von der uns keine
„Beschreibung eines Pausanias, keine
„aus den Trümmern des zerstörten
„Alterthums hervorgegrabene Bilder
„nur den Schatten einer Vorstellung
„geben können. Nur aus den Wür-
„kungen, die der Anblick auf alle
„Menschen machte, können wir auf
„die Vortreflichkeit desselben schlie-
„sen. Aber was ist schliefsen gegen
„schauen?" Ein griechischer Dichter *)
sagte sehr schön von diesem Meister-
stucke: Entweder kam Jupiter vom
Olymp herab, und zeigte dir sein Bild,
Phidias! oder du stiegst in den Olymp,
um den Gott zu sehn. Ich will alle
die Lobsprüche hier nicht wiederhoh-
len, welche das ganze Alterthum
einstimmig der Statue beylegt °). Sie
wird

*) In der Antholog. IV, 6.
°) Sie find gesammlet von Junius in dem Catalogo Artificum, Phidias.

wird allenthalben als das erfte Kunft-
werk, und zugleich als die vorzüg-
lichfte unter den Arbeiten des Phidias
gerühmt, und von manchen Schriftftellern mit Entzücken gepriefen. Man
darf wohl fagen, dafs der Ort, wo fie
ftand, nicht wenig den Eindruck, den
fie auf das Gemüth machte, verftärkte,
oder dafs er vielmehr den Anfchauer
in die feyerliche Stimmung brachte,
um das Erhabene und Schöne derfelben
ftärker zu empfinden. Der heilige
Hayn, die vielen Denkmähler der Religion, durch welche der Grieche zum
Tempel hinzugieng, dies grofse fchöne
Gebäude felbft (ich kenne keine edlere
Bauart als die eines griechifchen Tempels) welche Gemüthsbewegung mufste
nicht dies alles erregen, ehe er noch
dem Gotte fich näherte! Und nun
denke man fich die doppelten Reihen
über einander geftellter Säulen, die
Stille in den Hallen, welche zu der
Statue

Statue führten, von welchen erhabenen Empfindungen muſte nicht jeder durchdrungen werden, der das Glück hatte, den olympiſchen Jupiter zu ſehn!

Es entſteht leicht die Frage: Von ſo manchen Meiſterſtücken andrer Künſtler, den Bildern von Göttern und Menſchen haben wir wahrſcheinlich Wiederhohlungen oder Copieen *p*), ſollte ſich

---

p) Dahin rechne ich z. B. den Diſcobolus im Pallaſt Maſſimi, der völlig dem des Myrons, den Lucian beſchreibt Philopſeud. p. 442. T. VI. ed. Schm. ähnlich iſt, (S. das Kupfer in Fea's ital. Ueberſ. von Winkelm. Geſch. d. K. Tav. 2 und Guattani mon. ant. per l'anno 1784. Febr. T. I.) und den Viſconti, Fea und Guattani auch für Copie des myroniſchen halten. Muſ. P. Cl. T. I. p. 23 b). Der berühmte borgheſiſche Faun mit der Flöte, von dem es an 30 Wiederhohlungen giebt, muſs auch von einem groſsen Künſtler herkommen. Heyne glaubt, er ſey Nachahmung des von Protogenes gemahlten, Winkel-

sich unter den Resten der alten Kunst nicht eine von dem vorzüglichsten Kunstwerke, und eben weil es das vornehmste war, noch eher, als von einem andern finden, sollte nicht ein oder der andere Kopf nach dem des Phidias gemacht, sich erhalten haben? Sollten nicht etwa Münzen oder geschnittene Steine uns das Bild Jupiters zeigen? Sonst wurde manche gute Statue voreilig für die Copie eines berühmten Werks, wohl gar für das Original ausgegeben, aber von Jupiters Statuen erinnere ich mich keiner, der diese Ehre wiederfahren wäre. Denn leider ist unter allen keine von der Größe und von so vorzüglichem Werthe, selbst die nicht ausgenommen, welche

Winkelmann schrieb ihn dem Praxiteles zu. Visconti Mus. P. Cl. T. II. p. 60. Eben so der farnesische Hercules und andre, wovon man noch viele Wiederhohlungen findet.

welche ehmals im Pallaſt Veroſpi ſtand, und nun in Muſeo Pio Clementino iſt*q*), dafs man in Verſuchung gekommen wäre, ſie für eine Nachahmung von der des Phidias zu halten; wiewohl man ſicher annehmen kann, dafs alle Köpfe Jupiters mehr oder weniger Achnlichkeit mit dem des Phidias haben. Denn dieſer wurde das Muſter für die folgenden Künſtler und Phidias war eigentlich der Schöpfer des Ideals von Jupiter *r*).

Neulich erſt hat Visconti die Abbildung des Kopfes auf einigen alten Münzen entdeckt, und dieſer ſoll die coloſſal Büſte im Muſeo Pio Clementino

q) Die Kunſtkenner halten ſie für die beſte unter den noch vorhandenen. Sandrart. Adm. a. Maffei Raccolta 135 et alibi. V. Ramdohr über Mahlerey, I. Th. p. 104. 105.

r) Vergl. Heyne in den Comment. nov. Soc. Gott. T. VIII. p. XXII.

tino ähnlich feyn *s*). Es find dies die Münzen mit der Infchrift FΑΛΕΙΩΝ, welche wahrfcheinlich von den Eleern, nicht von den Faliscern in Italien gefchlagen worden find, und eine Münze im Hunterfchen Cabinette, welche die Arcadier in dem Jahre fchlagen liefsen, als fie Olympia eingenommen, und die Eleer des Vorrechts, die olympifchen Spiele zu halten, beraubt hatten *t*).

s) Mufeo Pio Clem. T. VI. t. 1.

t) Beyderley Münzen find noch ftreitig. Auch Eckhel hat die erftern für Geld der Falifcer angenommen. Doctrina numorum P. I. p. 90. Vifconti's Gründe aber fcheinen mir wichtig genug, fie den Eleern zuzueignen, befonders das Zeugnifs Seftini's, dafs diefe Münzen aus dem Peloponnes, und nirgends anders herkommen. Das F ift das bekannte digamma Aeolicum, und ΑΛΕΙΟΙ ift nach dem Dialect des Landes ftatt Ηλειοι. Die Eleer hatten die äolifche Mundart (Strabo VIII. p. 514 C.), die wenig von der dorifchen

Es ift aber bekannt, dafs viele griechifche Städte den Kopf, bisweilen auch

fchen verfchieden war. Eben das Digamma, welches vor die Worte, die fich mit einem Vocal anfangen, gefezt wurde, hat von den Aeoliern den Nahmen. S. Maittaire de dialectis p. 160. Das Gepräge der meiften Münzen mit diefer Infchrift ift der Kopf Jupiters, der von den Eleern vorzüglich verehrt wurde. Dafs die Falifcer ihn fo verehrten, davon haben wir keine Nachricht, wie Eckhel felbft fagt. Bey ihnen war Juno die Haupt-Gottheit, deren Kopf auch auf den Münzen erfcheint; aber diefe verehrten die Eleer auch. Sie hatte, wie oben gefagt ift, einen alten Tempel in der Altis. Den Dreyfufs auf einer Münze (Eckhel l. l. Rafche Lex. num. T. II. P. 1. p. 889.) halte ich nicht für den Dreyfufs Apolls, wie Eckhel, fondern für den, auf welchem die Kränze für die Sieger lagen, und der im Tempel Jupiters ftand, Pauf. V. 12. p. 406. Daher ift auch der Donnerkeil bey dem Dreyfufs auf der Münze. Noch andre Bilder auf diefen Münzen fcheinen mir Kunftwerke im Olympia anzuzeigen, z. B. der Jupiter mit dem Donnerkeil und dem Adler auf der Hand.

auch die Figur der Gottheit auf ihren
Münzen prägen liefsen, welche fie vor-

Hand. (cf. Pauf. V. 22. p. 436.) Manche
andre Gründe, die fich noch anführen liefsen, übergehe ich. So hätten wir dann
auch Münzen der Eleer, deren Seltenheit
oder vielmehr gänzlicher Mangel würklich
auffallend ift. Denn die, welche man bisher dafür hielt, mit dem H, ift ungewifs.
S. Rafche Lex. numifm. P. I. T. II. p. 595.
596. Die übrigen find alle erft unter den
römifchen Kaifern gefchlagen. — Was die
Münze im Hunterfchen Cabinet betrift, (Ca-
talog. T. VII. n. 4., eine ähnliche im franzöfifchen Cabincte f. Medailles tirées du Cabinet du Roi pour le Voyage du jeune Anacharfis Nro. 2.) fo halte ich es noch für
fehr zweifelhaft, ob fie von den Arcadiern
damals gefchlagen worden ift, als fie die
olympifchen Spiele hielten. Ol. 104. (Pauf.
VI. 22. Xenophon. VII. hift. gr. 4, 29.)
Die Buchftaben an dem Berge, worauf Pan
fizt, ΟΛΤΜ bezeichnen wohl den Berg
Olympus in Arcadien, auf welchem Pan und
auch Jupiter verehrt wurde, deffen Kopf
auf der andern Seite fteht. Diefe Erklärung
ift viel natürlicher, als die von Vifconti.
(S. Ad-

vorzüglich verehrten, und deren Bild zugleich - ein berühmtes Kunſtwerk war"). Wenn demnach diefe mit dem Nahmen ΓΑΛΕΙΩΝ den Eleern würklich zugehören, fo ift wohl kein Zweifel, dafs der Kopf des Jupiters der von der berühmten Statue fey. Aber der Stempelfchneider mag ihn auch möglichſt treu nachgebildel haben, fo bleibt die Copie doch fehr unvollkommen, weil fie fo fehr verkleinert werden mufste. Und es ift doch nur der Kopf, zwar der Haupttheil, worinnen der Charaƈter Jupiters, fo unübertreflich ausgedrückt war; die Vorſtellung vom Ganzen bleibt immer unvollſtändig.

Phidi-

(S. Addizioni zum VI. T. Muf. P. Clem.) der ΟΛΤΜ von den olympifchen Spielen verſteht.

u) Als zuverläſsige Beyfpiele führe ich nur die athenienfifchen mit dem Kopfe und der Statue der Minerva an, und die cnidifchen mit der berühmten Venus des Praxiteles.

Phidias hatte feinen Jupiter fitzend gebildet. Denn diefe Stellung war der Würde und Majeftät deffelben angemeffener, als jede andre. Das Alterthum dachte fich und nannte ihn den Vorfteher, den Vater der Götter, um deffen Thron die übrigen Bewohner des Olymps fich verfammlen. Zeuxis hatte ihn deswegen ebenfalls fitzend, und die andern Götter neben ihm ftehend gemahlt *v*). Und dies ift auch die gewöhnliche Vorftellung deffelben auf alten Denkmählern aller Art.

Von der Mafse des Werks bleibt mir nur wenig zu fagen übrig, da Herr Hofrath Heyne fowohl in den neuen Abhandlungen der Göttingifchen Gefellfchaft der Wiffenfchaften, als in feinen antiquarifchen Auffätzen von den elfenbeinernen Statuen, und der Ver-

v) Plin. hift. nat. 35. S. 36, 2.

Verfertigung derselben diesen Theil der alten Kunstgeschichte auf die ihm eigene, vortrefliche Art abgehandelt hat *w*).

Alle Theile des Cörpers, welche der Mantel nicht bedeckte, waren von Elfenbein, das Geficht, der Hals, der Oberleib, die Arme gröfstentheils, und die Füfse *x*). So wenig dauerhaft das Elfenbein ist, so zog man es doch im Alterthum der Bronce und dem Marmor vor, blos weil es kostbarer war, und

w) Novi Comment. Soc. Gott. T. I. P. II. p. 96 f. Neue Bibliothek der fch. Wiffenfch. XV. B. I. und II. St. Antiq. Auff. II. St. p. 149 f.

x) Wie das Gewand geworfen war, und wie viel vom Körper es bedeckte, davon kann man sich aus den Vorstellungen des sitzenden Jupiters auf Münzen, z. B. von Domitian, auf geschnittenen Steinen, und nach der Statue im Muf. P. Cl., die ehmals im Pallaft Verospi war, einen Begriff machen,

und weil Statuen davon zugleich mit
dem koſtbarſten Metalle bekleidet wurden. Das Glänzende und Prächtige
hatte und behält immer in den Augen
der meiſten Menſchen den Vorzug,
und jede griechiſche Stadt errichtete
der Gottheit, die ſie vorzüglich ver-
ehrte, lieber eine Statue aus Elfenbein,
als aus einer andern Maſse, wenn ſie
reich genug war, die Koſten dazu auf-
zuwenden. Selbſt die Athenienſer,
welche unläugbar mehr Geſchmack als
viele andre griechiſche Völker befaſsen,
wollten lieber, daſs Phidias die Minerva
aus Elfenbein machen ſollte, als aus
Marmor, weil dieſer von geringern
Werthe war. Er ſtellte ihnen zwar
vor, daſs der Marmor länger ſeinen
Glanz und feine Schönheit behalten
würde, allein ſie achteten weniger auf
die Dauer, als auf die Koſtbarkeit [y]).

Doch

[y]) Valerius Max. I. 1. ext. 7.

Doch darf man diefe Vorliebe zum Elfenbein und Golde nicht blos dem Gefchmack am Prächtigen zufchreiben; unftreitig würkte die Religion fehr viel dabey. Die Griechen glaubten wie jedes andre Volk, jedes Gefchenk für die Gottheit wäre ihr um fo wohlgefälliger, je koftbarer es wäre, und fie fparten kein Geld an Werken, die zu Ehren der Götter verfertigt wurden. Man zeigte dem Paufanias aufserhalb des heiligen Hayns ein Gebäude, welches die Werkftätte des Phidias genannt wurde *z*). Hier hatte er alfo die Statue gemacht, höchflwahrfcheinlich auf die Art, welche Herr Hofrath Heyne befchrieben hat *a*), und fo theilweife,

z) Ἔϛι δὲ οἴκημα ἐκτὸς τῆς Ἄλτεως, καλεῖται δὲ ἐργαςήριον Φειδίου, καὶ ὁ Φειδίας καθ᾽ ἕκαϛον τοῦ ἀγάλματος ἐνταῦθα εἰργάζετο. V. 15.

a) in den angef. Schriften. Dafs der Kern von Stücken Holz, welche an einander genagelt waren,

weife, wie die alten Künftler gemeiniglich ihre Statuen machten, befonders die coloffalifchen, und die aus verfchiedenen Materien zufammengefezten, nemlich den Kopf, und den Rumpf, und die Extremitäten befonders. Die Zufammenfetzung erfolgte dann erft, wann diefe einzelnen Theile fertig waren. Die Gröfse der Statue erforderte eine grofse Menge elfenbeinerner Blöckgen, welche an einander gefügt werden mufsten. Eben diefe unvermeidliche Zufammenfetzung aber machte die elfenbeinerhen Statuen fehr vergänglich. Denn die des Jupiters hatte kaum 80 Jahre ungefähr geftanden, fo waren die Fugen fchon auseinander gegangen. Damophon, ein Künftler aus

waren, gemacht wurde, und dafs die elfenbeinernen Blöckgen mit Pech und Leimen aufgeklebt wurden, zeigt befonders eine Stelle im Lucian. Somn. five Gallus. T. VI. ed. Schm. p. 53.

K

aus Meffenien verband fie wieder fo gefchickt, dafs ihm die Eleer vorzügliche Ehre und Vorzüge erwiefen *b*). In diefer feiner Werkftätte, foll Phidias, wie die Statue fertig war, hinter der Thüre geftanden, und die Urtheile der Leute über feine Statue angehört haben. Einer tadelte die Nafe, dafs fie zu dick wäre, ein andrer fand das Geficht zu lang, ein dritter hatte noch was

b) Paufan. IV. 31. Er nennt mehrere Werke diefes Künftlers, unter andern einige zu Megalopolis. Diefe Stadt aber ift erft Ol. 102, 2. erbauet und bewohnt worden. Paufan. VIII, 27. 31. Sind alfo die Statuen Damophons nicht aus einer andern Stadt nach Megalopolis gebracht, fondern zur Zeit der Erbauung derfelben wie die Tempel, worinnen fie ftanden, verfertigt worden, (wie man doch aus dem Stillfchweigen des Paufanias fchliefsen kann, da er bey andern Statuen fagt, woher fie nach Megalopolis gekommen find), fo hat Damophon um die beftimmte Olympiade gelebt. Seiner gedenkt fonft kein andrer Schriftfteller.

was anders daran auszufetzen *c)*. Soweit glaubt man der Erzählung gern; dafs aber Phidias follte an der Statue verbeffert haben, was die meiften als fehlerhaft bemerkt hatten, das wird man fchwerlich dem Lucian glauben. Vieler Augen, foll Phidias gedacht haben, fähn mehr als eines. Das ift wohl in manchen Fällen wahr *d)*;. aber es kam hier darauf an, ob die Augen den rechten Gefichtspunct hatten. Gerade die Fehler, welche Lucian angiebt, zeigen die grofsen Einfichten des Phidias. Er wufste wohl, dafs die coloffalifche Statue auf dem hohen Poftemente im Tempel eine ganz andre Würkung thun mufste, als in feiner Werkftätte. Hier ftand fie jedem näher

---

c) Lucian pro imaginibus, c. 14.

d) Wieland macht bey der Ueberfetzung der Stelle eine fchöne Bemerkung über diefen Gemeinfpruch.

näher vor den Augen, dort fah er fie
aus einem weitern und tiefern Geſichts-
punđte, ſo daſs daſſelbe Geſicht ganz
verſchieden ausſah, wenn man von
unten herauf und weiter davon, als
wenn man in der Nähe es anſchauete.
Die hervorſtehenden Theile z. B. eben
die Naſe, welche in der Werkſtätte
dem Zuſchauer zu ſtark vorkam, hatte,
aus der Ferne geſehn, das richtige
Verhältniſs; das Geſicht welches niedriger und dem Auge gleicher geſtellt,
zu lang ſchien, zog ſich zuſammen
und wurde runder, wenn es höher
ſtand, und von unten herauf angeſehn
wurde. Es iſt noch eine andre Erzählung*), welche die optiſche Kentniſs
des Phidias beweiſst, und wie er weis-
lich bey der Verfertigung ſeiner Statuen Rückſicht auf den Ort nahm, an
dem ſie aufgeſtellt werden ſollten. Er
und

*) Tzez. Chiliad. VIII. 193.

und fein befter Schüler Alcamenes
mufsten für die Athenienfer eine Minerva verfertigen, welche auf eine
hohe Säule zu ftehen kommen follte.
Alcamenes arbeitete die feinige fo,
dafs fie in der Nähe das fchönfte Anfehn hatte, weil die Theile alle vollendet waren, Phidias hingegen hatte
diefe an feiner Minerva ftark angedeu-
tet; die Lippen ftanden offen, die
Nafenlöcher ftanden weit von einander.
Wie nun beyde Künftler ihr Werk zur
Schau ausftellten, zog jeder das des
Alcamenes vor, und die Leute hätten
fich beynahe am Phidias vergriffen.
Allein ganz anders fiel das Urtheil aus,
wie jede Statue an den Ort geftellt
wurde, für welchen fie beftimmt war.

Jupiter hatte einen Kranz auf von
nachgemachten Oehlzweigen *f*). Die
Materie

―――――

f) είφανος, μεμιμημένος ιλαίας κλώνας.

Materie nennt Paufanias nicht, H. H.
Heyne nimmt als gewifs an, dafs er
von Golde war [g]). Das Alterthum hatte
den Gebrauch, den Kopffchmuck, z. B.
die Strahlen aus diefem oder einem
andern Metalle anzufetzen, und man
findet daher an manchen marmornen
alten Köpfen die Spuren oder Löcher,
in welche fie eingefügt waren.

Aus diefem Grunde ift es alfo glaublich, dafs der Kranz von Gold war.
Die Worte des Paufanias aber fagen
noch mehr, wenn ich nicht irre. Er
drückt fich fonft von Nebenwerken,
welche blos die Form der natürlichen
haben, nicht fo aus, und nennt nur
die Materie fchlechtweg. Ich glaube
daher, der Kranz war auch in der
Farbe dem Oehllaub ähnlich, er fah
wie ein natürlicher Kranz von Oehl-
zweigen aus ($\mu\varepsilon\mu\iota\mu\eta\mu\acute{\varepsilon}\nu o\varsigma\ \dot{\varepsilon}\lambda\alpha\acute{\iota}\alpha\varsigma\ \kappa\lambda\tilde{\omega}\nu\alpha\varsigma$)
und

[g]) Antiq. Auff. II. St. p. 165.

und war grün emaillirt. Ich werde in der Folge zeigen, dafs auf dem goldnen Gewande die Lilien auch von Schmelz waren.

Die Augen, fagte Winkelmann *h*), wären eingefezte Edelsteine gewefen, und berief fich auf Plato's Zeugnifs *i*). Diefer redet aber nicht vom Jupiter, fondern von der Minerva des Phidias zu Athen. Indeffen zeigt dies, dafs man fchon damals den Statuen Edelsteine zu Augen einfezte, und es läfst vermuthen dafs Jupiter dergleichen eben fo wie die Minerva gehabt habe. Man hat noch viele broncene Statuen mit Rubinen Granaten oder andern Steinen in den Augen *k*). So wenig diefer

h) Monum. ant. Trattato prel. p. LV.
i) Hipp. maj. 349. (T. XI. ed. Bip. p. 23.)
k) S. Winkelm. l. l. Im caffelifchen Mufeo ift fo eine kleine Bronce. An vielen hat man die Edelsteine herausgenommen, wie fie ausgegraben wurden.

dieser Geschmack sich billigen läfst, so war er doch in dem Zeitalter des Phidias herschend, wo man in Kunstwerken eben so sehr auf den äufsern in die Augen fallenden Schein, als auf die wesentliche Vollkommenheit sah.

Auf der rechten Hand hielt Jupiter wie die Minerva zu Athen eine kleine Siegs-Göttin, die auch von Gold und Elfenbein war (das Gewand nemlich war golden, die nackten Theile waren aus Elfenbein.) Ihr Kopf war auch bekränzt, und in der Hand trug sie eine Kopfbinde; welche der Preis des Sieges in einigen Spielen war. Athleten wurden daher solche Binden haltend vorgestellt[1]). Die Victorie stand gegen den Jupiter gekehrt, als wollte sie ihm die Binde reichen. die Vorstellung bedarf keiner Erklärung; sie ist aus der ältesten

[1]) Pauf. VI. 1. vergl. Heyne ant. Auff. II. 257.

älteften Kunft beybehalten, zur Bezeichnung des Sieges derjenigen Perfon, welche eine Victoria hält, und man fieht nicht allein den Jupiter, fondern auch die Minerva, und die römifchen Kaifer auf Münzen fie in der Hand tragen *m*). Aber warum ftellte Phidias feinen Jupiter, feine Minerva als Sieger vor? Welche Siege diefer Gottheiten wollte er damit andeuten? Den des Jupiters über die Giganten, den der Minerva über den Enceladus? Sollte nicht die Victorie überhaupt die Stärke und Macht der Götter anzeigen, durch welche fie fiegen? Oder hatte Phidias den Gedanken, den Jupiter als den Geber des

K 5   Siegs

m) Im Piräeus ftand eine broncene Statue des Jupiters fo vorgeftellt. Pauf. I. 1. Dafs die athenienfifche Minerva eine Victoria auf der Hand hielt, fieht man am deutlichften aus Arriani diff. Epict. II. 8. Paufan. I. 24. drükt fich undeutlich darüber aus.

Siegs in den olympifchen Spielen vorzuftellen, welche ihm zu Ehren gehalten wurden, und legte Phidias deswegen der Victoria das Siegeszeichen, die Binde bey?

Man kann fich leicht vorftellen, dafs die Statue der Göttinn eine anfehnliche Gröfse gehabt haben mufs, denn die, welche Minerva auf der Hand trug, war 4 cubitos grofs *), und diefe Gröfse fordert auch das Verhältnifs zur Statue. Darf man den Zeichnungen auf athenienfifchen Münzen trauen °), fo hatte die Victoria mehr als den 4. Theil der Gröfse der Minerva.

An

n) Pauf. l. l.

°) S. z. B. eine Münze von Athen in Stuart II, Vignette vor dem erften Capitel. Die Minerva fieht ganz fo aus, wie Paufanias die im Parthenon befchreibt.

'An dem Scepter, oder langen Stabe,
den Jupiter als Zeichen der königlichen
Würde in der linken Hand hielt, hatte
man auch keine Kunſt geſpart. Er war
ſchön, und mit Metallen aller Art eingelegt*p*). Ich ſtelle mir vor, es war
ein hölzerner Stab, in den Zierrathen
von geſchlagenem Golde, Silber und
mehrerley Erz eingeſezt oder aufgelegt
waren. Auf der Spitze deſſelben ſaſs
der

---

p) χάριτι-σκῆπτρον μετάλλοις τοῖς πᾶσιν ἠν-
θισμένον. Wörtlich: ein ſchöner Scepter
mit allen Metallen beblümt. VI, 19. kommt
das Wort noch einmahl vor, von kleinen
Figuren aus Cedernholz, ζώδια χρυσῷ διην-
θισμένα. Dergleichen und auch gröſsere
Statuen aus Holze wurden manchmahl auf
die gewöhnliche Art vergoldet. S. z. B. IX. 4.
Jene ζώδια aber müſſen eingelegte Zierrathen
gehabt haben; ob bloſse Streifen von Metall
um den Stab gewunden, oder Blumen eingelegt waren, läſst ſich nicht entſcheiden.
Bey dem Lucian quomodo hiſt. conſer. c. 51.
kommt ἐπανθίζειν auch von goldnen Zierrathen auf Elfenbein vor.

der Adler,' der fonſt zu den Füfsen des Jupiters zu ſtehn pflegt. Ganz ungewöhnlich indeſſen iſt dieſe Vorſtellung nicht, wiewohl man ſie nicht bey freyſtehenden Statuen zu finden erwarten darf, weil die Arme und Attribute faſt an allen vernichtet ſind. Es iſt aber noch ein viereckiger Altar in der Villa Albani, der den Vogel Jupiters auf dem Scepter zeigt q), und in der ältern Kunſt ſcheint es gebräuchlich geweſen zu ſeyn, nicht allein auf den Stab des Königs der Götter, ſondern auch auf den der Götter Königin *r*), die

q) Winkelmann Monum. ant. Nro 6.

r) Pauſ. II, 17. Die Juno des Polyclets bey Mycenae hielt einen Scepter, worauf ein Guckuk ſafs. Dafs es nicht der Pfau, ſondern dieſer Vogel war, gründete ſich auf eine Fabel, welche Pauſ. anführt. — Bey den älteſten Römern gehörte das Scepter mit dem Adler darauf zu den Inſignien der königlichen Würde. Dionyſ. Halic. III. p. 195. ed. Sylb.

die ihnen geweihten Thiere zu fetzen;
vermuthlich eben darum, weil es Vögel waren, die fich nicht auf den Erdboden, fondern auf Bäume und Stangen zu fetzen pflegen. Unftreitig fchwebte dem Pindar ein folches Scepter vor, in dem höchftfchönen Bilde, „wenn Apolls und der Mufen Leyer ertönt, fchläft auf dem Scepter Jupiters Adler, und läfst den fchnellen Fittig auf beyden Seiten hängen *)."

Von den Zierrathen des goldnen Gewandes drückt fich Paufanias nicht ganz deutlich aus; kleine Figuren und Lilien waren drauf gemacht‡). — Das Wort ἐμπεποιημένα kann von jeder Art von Arbeit verftanden werden, von gefchnizten, gehauenen, eingegrabenen Figuren. Barthelemy verftand es von

*) Pind. Pyth. I. 9-13.
‡) τῷ δὲ ἱματίῳ ζώδια τε καὶ τῶν ἀνθῶν τὰ κρίνα ἐςὶν ἐμπεποιημένα.

von der leztern Art*). Einer Nachricht des Strabo nach waren die Figuren und Blumen wie ich glaube aus Schmelz. Panänus ein Mahler, fagt er, habe dem Phidias bey der Verfertigung der Statue fowohl, wegen der Verzierung mit Farben, als auch vorzüglich des Gewandes geholfen *v*). Man nehme auch an, das Elfenbein an der Statue fey bemahlt oder gefärbt gewefen *w*), welches mir nicht wahrfcheinlich ift,

u) Voyage T. III. 480. ζωδια überfezt er Thiere gegen den gewöhnlichen Sprachgebrauch des Worts im Paufan. der kleinere Figuren, freyftehende und nicht freyftehende, damit bezeichnet.

v) VIII. 542. 43. πολλὰ δὲ συνέπραξε τῷ Φιδίᾳ πάναινος — πρὸς τὴν τῦ ξοάνυ καταςκευὴν, διὰ τὴν τῶν χρωμάτων κόσμησιν, καὶ μάλιςα τῆς ἐσθῆτος.

w) So meynte Stuart II. p. 4. und beruft fich auf die Stelle des Strabo. Aus dem Homer Il. Δ, 141 f. ift es bekannt, dafs man in Afien das Elfenbein fchon damals mit Purpur zu färben wufste. Aber nur zu folchen kleinen

ift, und wollte man alfo die Verzierung mit Farben blos auf die nakten Theile der Statue ziehn, fo fieht man nicht ein, was ein Mahler dem Phidias bey dem Gewande helfen konnte, wenn dies nicht auch farbig war. Ich ziehe deswegen den Satz διὰ τὴν τῶν χρομάτων κόσμησιν auf den Kranz und vorzüglich auf das Gewand, nicht auf die Theile der Statue, die aus Elfenbein waren. Sind aber die Figuren und Lilien auf dem Gewande, etwa um den Saum deffelben, farbig gewefen, eben fo wie der Kranz am Kopfe

des

nen Kunftarbeiten, deren eine vom Dichter genannt wird. Dafs grofse Statuen von Elfenbein in der Folge etwa mit Roth oder andern Farben beftrichen worden wären, davon weifs ich kein Beyfpiel. Im Gegentheil läfst fich aus dem Verfahren der Alten, durch Oehl oder Waffer die elfenbeinernen Statuen vor der fchädlichen Einwürkung der Luft auf fie zu bewahren, fchliefsen, dafs fie die-

des Jupiters *), fo ift es wohl aufser Zweifel, dafs fie von Schmelz waren; denn Metall hält keine Farben, als die im Feuer eingebrannten, oder email-lirten. Diefe Kunft war den Alten bekannt, und es fehlt uns auch nicht an einem Beyfpiele, dafs fie die metallnen Gewänder mit Schmelzarbeiten fchmückten. D'Hancarville erzählt y). unweit Cadix fey in einem Tempel an der See ein Stück von einem broncenen Gewande gefunden worden, das mit Email garnirt war. Er fah es felbft im Cabinete des Marchefe Tirri zu Cadix.

Manche Fragen bieten fich noch dar, welche ich nicht zur Befriedigung zu beantworten weifs. War das Gewand

felben nicht fârbten; fonft hätten fie durch
die Farbe fie dafür fchützen können.

*) S. oben p. 150. 151.
y) Antiquités Etrufq. III. p. 18.

wand gefchlagen oder getrieben, wie
die Schilder z. B., oder war es über
ein Modell, das die Gröfse der Statue
hatte, gegoffen? Das erftere ift mir
wahrfcheinlicher, weil ein folcher Gufs
viele Schwierigkeiten hat, und ein
gegoffenes Gewand ungleich fchwerer
ift, und weit mehr Gold erfordert.
Denn es kann nicht dünn gegoffen
werden; auch hätte es nicht fo gut
und fo leicht der Statue angefügt werden können. War es aber von gefchla-
genem Golde, welches demungeachtet
beträchlich dick feyn mufste, fo konnte
es Stückweife gearbeitet, und die Stücke
dann auf dem hölzernen Kerne oder
Blocke, welchen es bedecken follte,
zufammengenietet und befeftigt werden. Es fliefs, genau an die nakten
Theile des Corpers, welche von Elfenbein waren. Das Gewicht des Gewandes der Minerva wird verfchieden
angegeben, zwifchen 40 und 50 Ta-
L lenten,

lenten *), das ift aber nicht das eigentliche Gewicht des Goldes, fondern nur der Werth deffelben an Silber-Gelde *).

Jupi-

z) S. Heyne antiq. Auff. I. 191. 192. in der Note. Barthelemy Voyage du jeune Anacharfis Note zum 12ten Capitel. (Aus Verfehn fagt Barthelemy, das Gewand wäre von Elfenbein gewefen.)

a) Barthelemy nimmt 40 Talente an Gold an, welche, wenn das Gold zu Silber fich wie 1 zu 13 verhält, 520 Talente an Silber machen. Das Talent an Silber rechnet Barthelemy zu 5400 Livres; die Summe wäre alfo 2,808,800 Livres. Aber zu Pericles Zeit war das Verhältnifs noch gröfser, fo dafs 520 Tal. 2,694,000 Livres, 692208 Rthlr. machen; eine ganz unglaubliche Summe. Sind es aber 40 Talente an Silber, wie die übrigen bey dem Thucydides, fo betragen fie nur 216000 Livres, oder nach dem Werthe zu Pericles Zeit 228000 Livres 58583 Rthlr. Dies ift glaublicher, und ergiebt fich noch aus einer andern Rechnung. Alle Werke des Pericles hatten, fagt Thucydides, 5700 Talente gekoftet, die Belagerung von Potidäa, die eben angefangen war, mitgerechnet.

Jupiters Gewand war gewifs eben fo fchwer, wo nicht fchwerer, denn es war weiter, aber nicht fo lang, als das der Minerva, welche aufrecht ſtand, und deren Cörper, Kopf, Bruſt, Hände und Füſse ausgenommen, ganz damit bedeckt war *)*. Denkt man fich auf dieſe Weiſe das Gewand aus gefchlagenen Goldſtücken zuſammengenietet, und an Jupiters wie an andre elfenbeinerne Statuen angelegt, ſo wird es begreiflicher, was Thucydides und Plutarch rechnet. 2012 Talente waren auf den Bau der Propyläen gegangen; 700 rechnet Barthelemy (T. I. du Voyage Note VIII.) auf die Belagerung, die den Athenienſern in der Folge noch mehr koſtete, wollte man nun 520 Talente auf das Gewand rechnen, wie wenig bliebe dann zum Elfenbein, zum Tempel, zum Odeo, den langen Mauren übrig. Schon die Summe zu den Propyläen iſt verhältniſsmäfsig zu grofs.

*) Platonis Hipp. maj. Tom. XI. ed. Bip. p. 23. Pauſ. I. 24.

Plutarch fagen, dafs das der Minerva abgenommen werden konnte, die Statue unbefchadet, und dafs der Tyrann Dionyfius es dem Jupiter zu Syracus raubte *ͤ*). Wir können daraus mit Recht fchliefsen, dafs das Gewand des Jupiters zu Olympia fich eben fowohl abnehmen liefs.

Endlich hatte die Statue auch Schuhe von Golde, das heift Sohlen, welche an die Füfse gebunden wurden. Da nach dem Gefchmacke des Zeitalters die kleinften Theile der Statue und alle Nebenwerke auf das forgfältigfte und künftlichfte behandelt waren, fo werden auch die Sohlen und Riemen nicht fchlicht und zierdelos gewefen feyn; vielleicht waren die leztern emaillirt, und weil die Sohlen ftark waren, fo können auch darauf Zierrathen

ͤ) Cicero de Nat. Deor. III. 34. erzählte dies irrig vom Jupiter zu Olympia.

rathen angebracht worden feyn, wenn nicht die drauf eingegrabene Schrift den Plaz dazu genommen hat *d*), wie auf den der Minerva, an welchen Phidias das Gefecht der Centauren und Lapithen vorgeftellt hatte *e*).

Die Form des Thrones, deffen Befchreibung mir zu erläutern noch übrig bleibt, habe ich oben anzugeben verfucht. Es war ein Stuhl mit einer Rücken- und zwey Arm-Lehnen. Zwifchen den 4 Füfsen lagen 4 Querftäbe, und durch jeden Querftab gieng noch eine Stütze, fo dafs alfo der Thron aufser den 4 gewöhnlichen Beinen an den Ecken, noch 4 befondre Stützen in der Mitte jeder Seite des Untergeftelles hatte. Einfach war diefe Form nicht, das Untergeftelle hatte ein fchweres, dem Auge ungefälliges An- fehn;

d) S. oben p. 106.
e) Plin. hift. nat. XXXVI. 5, 4.

fehn; das starke Gewicht der coloſſaliſchen Statue aber und mancherley Nebenwerke ſcheinen einen feſtern Bau des Stuhls und die Zwiſchenſtellung aufserordentlicher Stützen erfordert zu haben. Alle die Stücke des Throns waren nicht allein von koſtbarem Stoffe, ſondern ſie waren auch ſehr künſtlich gearbeitet, und dieſe Ueberhäufung mit Zierrathen ſowohl, als die Zuſammenſetzung aus mehrerley Materialien wird der gute Geſchmack am meiſten misbilligen. Beydes war ein Ueberbleibſel aus den Sitten der früheſten Zeitalter. Die Seſſel in den Häuſern der alten griechiſchen Könige waren glänzend *f*) und kunſtreich, der Lehn-Stuhl der Penelope war von Silber und Elfenbein *g*); die Throne der Götter, deren

f) Hom. Od. H, 169.
g) Od. T, 56 f. f. Heyne ant. Auff. II. 143. Note.

deren Wohnung und Haus - Geräthe überhaupt Homer und die älteſten Dichter ſo beſchrieben, wie ſie dieſelben in den Häuſern der Könige ihrer Zeit fanden, waren eben ſo und noch prächtiger gemacht. Die Künſtler folgten treu ihrer Beſchreibung, und wenn eine griechiſche Nation oder Stadt, die ihrem Gott einen Thron verfertigen liefs, reich genug war, um Gold, Elfenbein und andre koſtbare Materialien dazu hergeben zu können, ſo ſezten ſie das für die Gottheit beſtimmte Kunſtwerk daraus zuſammen. Je prachtvoller und kunſtreicher es war, deſto anſtändiger der Gottheit wurde es gehalten. Wir betrachten den Thron und die Statue blos als Kunſtwerk, auf den gröfseren oder geringeren Werth der Maſſe nehmen wir weniger Rückſicht als auf die Behandlung, wir verlangen das Einfache und tadeln das Bunte, wir misbilligen die zu fleiſsige

Beforgung der Nebenwerke. Der Grieche fah und dachte in der Statue den Gegenftand feiner Furcht und Verehrung, feinen Gott; der mufte fchön feyn, aber auch prächtig, fein Aeufseres mufs feine Hoheit ankündigen. Auch fein Thron mufs fo glänzend feyn, und fo kunftvoll, als ihn nur Menfchenhände verfertigen können.

Paufanias nennt überhaupt viererley Materialien, welche zum Throne gebraucht worden waren, Gold, Edelfteine, Elfenbein und das damals eben fo theure Ebenholz [h]). An welchen Theilen des Throns aber die Edelfteine angebracht waren, welche Stücke, von Elfenbein oder einer oder mehrern diefer

[h]) Plin. XII. 8. Pauf. I. 42. Die Alten erhielten es aus Aethiopien; von der Naturgefchichte diefes Holzes wuften fie nichts gewiffes. Pauf. erzählt l. l., was ihm ein cyprifcher Botanicus davon gefagt hatte.

diefer Materialien gemacht waren, ob überhaupt die Schwingen, Stäbe, Lehnen des Stuhls ganz daraus gearbeitet, oder nur damit bekleidet waren, wie unfer Hausgeräthe häufig mit Mahagony überlegt wird; diefe umftändlichere Nachrichten giebt Paufanias nicht. Das läfst fich wohl als ziemlich gewifs vorausfetzen, dafs eine fo grofse Maffe, wie diefer Thron nur mit Platten von Elfenbein und Ebenholz bekleidet oder eingelegt war; und dafs man zum Kern ein gewöhnliches feftes Holz genommen hatte. Denn auch die kleinften Theile des Throns, müffen doch fo dick und breit gewefen feyn, dafs es theils zu koftbar, theils unmöglich war, fie ganz aus der einen oder andern Maffe zu machen. — Mit den Edelfteinen vermuthe ich, waren die Stäbe befezt, die kein Bildwerk hatten, vielleicht waren auch welche in die Augen der kleinern Figuren am Throne

L 5 einge-

eingefezt. Doch hievon und von dem Golde werde ich noch bey der Befchreibung der einzelnen Stücke Erwähnung thun.

Ferner fagt Paufanias noch in allgemeinen, und daher eben fo unbeftimmten Ausdrücken, es find Figuren auf dem Throne mit Mahlerey vermifcht, und Bilder darauf gearbeitet[i]. Wie find die ζῶα und die ἀγάλματα von einander verfchieden? aus was für Materie waren fie? waren fie rund und freyftehend, oder erhoben? und wo ftanden die einen oder die andern? alle diefe Fragen bleiben unbeantwortet. Selbft der Sprachgebrauch des Paufanias verfagt die Hülfe zur beftimmten Erklärung. Ζῶα und Ζώδια nennt er Figuren, freyftehende und erhobene, von Holz, Elfenbein und Golde

---

[i] Ἔστι καὶ ζῶα ἐπ' αὐτοῦ γραφῇ μεμιγμένα, καὶ ἀγάλματα ἔστιν εἰργασμένα.

Golde*k*), die auf dem Gewande, welche
er eben fo nennt, gehören zu keiner
von beyden Arten. Eben fo fchwan-
kend ift die Bedeutung des Worts
ἀγάλματα. Gewöhnlich zeigt Paufanias damit Statuen an, aber bisweilen
bezeichnet es auch unwiederfprechlich
hoch erhobene Figuren. Denn den
Jupiter in der Mitte des vordern Gie-
belfeldes nennt er ἄγαλμα, desgleichen
einen Mars, in einer runden Fläche *l*).
Nicht weniger ungewifs ift die Bedeutung von ἐιργασμένα, das gleichfalls
ganz runde und erhobene Arbeiten
anzeigt *m*). Meiner Meynung nach
find

k) VI. 19. kommt es von runden Figuren aus
Cederholz vor. V. 17. von erhobenen auf
dem Kaften des Cypfelus, aus Elfenbein,
Gold und Cedernholz.

l) VIII. 48. Heyne hat p. 64. Note d. antiq.
Auff. 1. St. noch eine Stelle IX, 11. angeführt,
wo es auch von einem Relief in der Form
eines Medaillons (ἐπὶ τύπου) vorkommt.

m) S. Heyne antiq. Auff. I. p. 13. Note u. 63 Note.

find die ἀγάλματα die runden Figuren oder kleinern Statuen, welche auf den Stäben ſtanden, Hercules, ſeine Gefährten, Amazonen und noch andre, die ich unten' nennen werde. Und dann wären alſo die ζῶα nichts anders, als die Figuren an den Schwingen, Apoll, Diana, die Kinder der Niobe, welche in Ebenholz von Elfenbein und Golde eingelegt waren, und dieſe hatte man auch bemahlt; denn die Alten färbten, wie ich oben bemerkt habe, das Elfenbeine zu kleinern Kunſtſachen. Vielleicht hat auch Pauſanias die Sphinxe der Armlehnen zu den ἀγάλμασι, und die Victorien an den Beinen zu den ζώοις gerechnet.

An einem aus ſo vielerley Materialien zuſammengeſezten Kunſtwerke müſſen viele und mancherley Künſtler gearbeitet haben. Bildner, Mahler, Steinſchneider, Ebeniſten, und eine Menge

Menge andrer Arbeiter. Plutarch *n*) nennt eine Menge von verfchiedener Art, welche zu Athen mit den Gebäuden und Kunftwerken des Pericles befchäftigt waren, und welche zum Theil auch an der Minerva gearbeitet haben. Phidias felbft war nicht im Stande, alles was von Elfenbein war, allein zu bearbeiten, dem Plinius zufolge half ihm einer feiner Schüler Colotes *o*). Die Mahlerey beforgte, wie wir wiffen, Panänus, der Bruder, oder, wie andre fagen, der Neffe des Phidias. Aufser diefen kennen wir weiter keinen feiner Gehülfen mit Nahmen, als einen Menon, der nach dem Plutarch *p*) von den Feinden des Pericles angeftiftet wurde, den Phidias wegen des Diebftahls am Golde der Minerva anzuklagen.

Paufa-

n) in Pericle c. 12.
o) Plin. hift. nat. XXXIV, c. 8, 27. XXXV, c. 8.
p) Plutarch in Pericle 31.

Paufanias fängt feine Befchreibung mit dem untern Theile an. Vier Siegesgöttinnen in der Stellung von Tanzenden find an jedem Fufse des Throns, noch zwey andre ftehn vor jedem auf den Füfsen *q*). Ich glaube, die vier Victorien ftanden am obern Theile des Stuhlbeines. Sie waren fchwebend gebildet wie etwa die Tänzerinnen auf den herculanifchen Gemählden, und fie fafsten fich alle vier wie Tanzende bey den Händen, ungefähr wie Horen und Gratien auf einigen alten Denkmählern. Am untern Theile des Beines hingegen, der das Poftament berührte, ftanden zwey Victorien auf den Füfsen, fie fchwebten nicht, wie die andern, diefe Stellung würde unfchicklich gewefen feyn, da fie den Thron

q) Νῖκαι τίσσαρες, χορευσσῶν παρεχόμεναι σχῆμα κατὰ ἕκαστον τοῦ θρόνε τὸν πόδα· δύο δὲ ἐισιν ἄλλαι πρὸς ἑκάστου πέζῃ ποδός.

Thron mufsten tragen helfen. Sie hatten alfo vielmehr die Geftalt der Caryatiden. Uebrigens erfahren wir wieder nicht, aus welchem Stoffe fie gemacht waren. Und wenn eine Befchreibung fo kurz und unbeftimmt ift, wie diefe, fo kann man fich die Sache auf verfchiedene Weife vorftellen. So weit fcheinen zwey grofse Gelehrte, Herr Hofrath Heyne und Herr Barthelemy überein zu ftimmen, dafs die Figuren von erhobener Arbeit waren *), der erftere aber denkt fich nur eine Victorie an jedem Fufse oben, der lezte hingegen vier, und dies, dünkt mich, fordern die Worte des Paufanias. Denn ich weifs nicht, ob Paufanias, wenn er jenes fagen wollte, hätte das Wort μία vor κατὰ ἕκαϛον τοῦ θρόνου τὸν

---

*) Barthelemy fagt es ausdrücklich, Voyage T. III. p. 480. Heyne ant. Auff. I. p. 10. Note. fcheint es anzunehmen.

τὸν πόδα auslaffen dürfen. Aber darinnen widerfpricht Barthelemy zuverläfsig der Befchreibung des Paufanias, daß er annimmt, nur an den vordern Füfsen und auf der vordern Seite wären die Reliefs gewefen. Ueberhaupt finde ich die Schilderung, die er den Anacharfis vom Throne machen läfst, äuferft undeutlich, und unverftändlicher als die des Paufanias, wie die Folge lehren wird. Da man im Alterthume fehr häufig den Tifchen, Stühlen und anderm Geräthe ftatt der fchlichten und graden Beine Satyrn oder andre Figuren unterzuftellen pflegte, welche ganz freyftehend gebildet waren, fo ftelle ich mir die Victorien unter dem Sitze faft ganz rund vor, nemlich fo, dafs fie mit dem Rücken an dem Stabe, der in der Mitte zwifchen denfelben war, und den Paufanias den Fufs nennt, anhiengen. Wären fie nur flach erhoben gewefen, oder hätten fie

nicht

nicht weit vorgetreten, fo würde Paufanias ἐπι ἑκάςῳ ποδὶ gefagt haben, wie er gewöhnlich von Reliefs fpricht, nicht κατὰ und πρὸς, das eine Stellung gegen den Fufs oder Anlehnen dagegen anzeigt. Von dem erwähnten Gebrauche der Figuren zum Tragen finden fich in den alten Schriftftellern mehrere Beyfpiele. Der eherne Crater, den die Samier der Juno zu Samos verehrten, wurde von 3 broncenen coloffal Figuren getragen *) Ein Dreyfufs im Tempel des olympifchen Jupiters zu Athen hatte Perfer oder Atlanten aus phrygifchem Marmor anftatt der Beine '). Selbft eins der älteften griechifchen Kunftwerke, der Thron des Apollo zu Amyclä ruhte auf Horen, Gratien, und andern Figuren "). Und einem
der

*) Herodot. IV, 152.
*) Pauf. I. 18.
*) id. III. 18.

M

der fchönften Dreyfüfse von Bronce zu Portici dienen 3 Satyrn anſtatt der Beine.

Auf jedem der beyden vordern Füfse, fährt Paufanias fort, liegen junge Thebaner zwifchen den Klauen von Sphinxen, und unter den Sphinxen tödten Apollo und Diana die Kinder der Niobe mit ihren Pfeilen. Wieder eine Stelle, die fich auf verfchiedene Art deuten läfst! Die Fabel felbſt bedarf keiner Erläuterung. Es war nur eine thebanifche Sphinx, welche einen von den Thebanern zerrifs, wenn fie das aufgegebene Räthfel nicht löfen konnten. Um der Gleicheit willen hatte der Künſtler fie verdoppelt. Heyne und Barthelemy *) dachten fich beyde Fabeln in erhobener Arbeit an den Vorderfüfsen felbſt; Heyne erklärt

*) in den angef. Stellen.

klärt die Worte des Pausanias. „Noch „weiter ſtanden auf den beyden Vor- „derfüfsen, welche alſo ausgeſchweift „geweſen ſeyn müſſen, Sphinxe, ver- „muthlich auf jedem Fuſse eine, wel- „che Knaben zerriſſen, und unter den „Spinxen, auf einer Seite Apollo, auf „der andern Diana, wie ſie die Kinder „der Niobe erlegten." Barthelemy ſezt das Relief der Sphinxe unter die Victorien, Apoll und Diana nehmen den dritten Plaz an der vordern Seite der Vorderbeine ein. Dieſe Vorſtellungsart aber, glaube ich, kann aus mehrern Gründen nicht wohl Statt haben. Erſtlich läſst es ſich nicht begreifen, wie auf den Füfsen Raum genug zu ſo vielen Figuren ſeyn konnte. Die Kinder der Niobe müſſen doch neben dem Apoll und der Diana, oder auf einer Linie mit ihnen geſtanden haben, und wenn die Figuren auch klein waren, ſo müſste doch die

M 2 Fläche,

Fläche, auf der fie ftanden, und folglich die Seite des Fufses fehr breit gewefen feyn. Heyne fcheint deswegen angenommen zu haben, dsfs die Füfse ausgefchweift waren. Zweytens; Paufanias braucht von den Sphinxen ein Wort, das eher runde Arbeiten anzeigt (ἐπίκεισθαι). Von den Vafen auf den Ecken des Giebels, welche gewifs rund waren, fagte er λέβης ἐπίκειται *w*). Sind aber die Sphinxe ganz rund gewefen, fo können fie an den Füfsen felbft nicht Statt gefunden haben. Sie vertraten,

w) κεῖσθαι und ἀνάκεισθαι kommt im Pauf. unzähligemahl von Statuen vor, z. B. I, 8. 14. 18. 23. 24. 25. 27. 44. II, 10. 11. 13. 17. 19. 24. 31. Eben fo in andern Schriftftellern, Aefchin. in Timarch. Orat. graec. Reisk. T. III. p. 52. Athenäus Deipn. I. p. 25. ed. Cafaub. Nur eine Stelle habe ich gefunden, wo ἐπικεῖσθαι hautrelief anzeigt, I. 21. Hingegen die erhobenen Arbeiten pflegt Pauf. ἐπηργασμένα, ἐμπεπριημένα zu nennen.

ten, wie ich glaube, die Stelle der Arm-
lehnen, oder vielmehr fie machten die
Unterlage des Stabs an dem Seffel, auf
den man den Arm zu legen pflegt. Sie
lagen alfo ganz eigentlich, wie Paufanias fagt, auf den Vorderfüfsen des
Throns. Diefe Thiere find ihres langen Körpers wegen fehr zu diefer Abficht gefchickt, und deswegen wählten
fie die alten Künftler öfters zur Zierde
diefes Theils von Stühlen.

Die Betrachtung mehrerer alten, fowohl würklichen, als auf Denkmählern
abgebildeten Stühle fezt es aufser
Zweifel, dafs die Sphinxe am Throne
Jupiters den Plaz und Entzweck gehabt haben müffen, welchen ich ihnen
anweife. Unter den Alterthümern zu
Portici ift ein broncener Seffel, deffen
Arme würklich Sphinxe find, und
eben diefer, welchen die Erklärer irrig
für eine Sella Curulis halten, brachte
mich

mich zuerſt auf den Gedanken, daſs der Thron zu Olympia in dieſem Stücke dem herculaniſchen ähnlich geweſen ſeyn müſſe. Aus dem Kopfe dieſer Sphinxe erhebt ſich eine kleine Stange, worauf ein Querſtab liegt, der bis an die Rücklehne geht, und in derſelben befeſtigt iſt. Auf dieſen legt der ſitzende den Arm auf. Einen ganz ähnlichen Seſſel fand ich hernach auf einem der herculaniſchen Gemählde abgebildet *), und die Erklärer machen dabey die Anmerkung, daſs ſich im Pallaſt Albani ein Relief befinde, welches den Jupiter auf einem Throne ſitzend vorſtellt, deſſen Armlehnen ebenfalls von Sphinxen getragen werden *). Beyde zuletzt genannte Kunſtwerke beweiſen zugleich, daſs

jener

*) Pitture d'Ercolano, T. IV. tav. XLIV.
y) S. Bartoli Admiranda veteris ſculpturae 28. Die Zeichnung aber iſt nicht ganz richtig;

es

jener broncene alte Seſſel unrichtig für
eine Sella curulis angegeben wird.
Denn weder auf dem einen noch auf
dem andern ſizt eine römiſche höhere
Magiſtratsperſon, zu deren Ehrenzeichen die Sella curulis gehörte, ſondern ein Gott und ein Held. Ohnehin war auch die Sella curulis nicht
von Bronce, ſondern von Elfenbein [z]).
Statt der Sphinxe finden ſich auch andre
Thiere an alten Lehnſeſſeln, z. B. auf
einem Relief von der Friſe des Tempel-
hauſes des Parthenons bilden geflügelte
vierfüſsige Thiere mit menſchlichem
Kopfe die Arm-Lehne eines Stuhls [a]),
und dies iſt ein mit dem Throne Jupiters gleichzeitiges Denkmahl, das den
dama-

es ſollten Sphinxe ſeyn, und ſind Greife. cf.
Winkelm. Hiſt. de l'Art. T. II. p: 332. Note.

z) Dionyſ. Hal. III. 187.

a) Stuart Antiq. of Athens, Vol. II. ch. 1.
pl. XXIV.

damaligen Gebrauch von folchen Zierrathen an Thronen aufser Zweifel fezt, wenn man jene als fpätere Erfindungen der Römer etwa anfehn wollte.

Nun wird auch der andre Theil der bisher erläuterten Stelle des Paufanias deutlicher, und ich getraue mir den Ort, wo Apollo, Diana und die Kinder der Niobe ftanden, zuverläffiger zu beftimmen. An den Füfsen felbft, waren fie nicht, wie ich fchon bemerkt habe. Die Künftler haben diefe Fabel an Kunftwerken angebracht, die breit find, und Raum zu vielen Figuren neben einander geben. Die langen Seiten von Sarcophagen, bisweilen auch die fchmalen und langen Seiten von den Deckeln derfelben, waren zu der Vorftellung gefchickt, aber nicht die fchmale Fläche eines Stuhlfufses. Wenn alfo Paufanias fagt, unter den Sphinxen wäre die Fabel von dem

Tode

Tode der Kinder der Niobe gebildet gewefen, fo ergiebt fich von felbſt aus der Betrachtung der Form vdn Stühlen, dafs er die Schwingen des Throns meynte, oder die Quer-Stäbe des Geſtelles, welche auf den Beinen liegen, und zwar die beyden Seitenfchwingen, denn die vordere war von den Beinen und dem Mantel des fitzenden Jupiters bedeckt. Apollo und Diana ſtanden an den Ecken der Schwingen, und fchoffen ihre Pfeile auf die unglückliche Familie der Niobe, welche zwifchen ihnen zum Theil ſtehend, theils liegend gebildet war; ungefähr fo, wie wir die Gefchichte auf einer alten Urne dargeſtellt fehn [b]). Auch diefe meine Meynung beſtätigt ein Beyfpiel, das Paufanias anführt [c]). Zu Athen ſtand ein

Drey-

[b]) Fabroni Differtation fur les Statues appartenantes à la fable de Niobe, Nro. XVIII. vergl. Mufeo Pio-Clementino, T. IV.

[c]) L. 21.

Dreyfuſs, oder dreybeiniges Geſtell, woran dieſe Fabel abgebildet war, nirgends anders nemlich, als an den breiten, horizontalen Stäben auf den Füſsen. Eben ſo muſs auch das Bildwerk am Throne des Aesculaps zu Epidaurus dieſe Stelle eingenommen haben *d*). Von der Materie aller dieſer Arbeiten ſagt Pauſanias kein Wort, und ich enthalte mich der Muthmaſsungen darüber, da ſich die Zuſammenſetzung aus Ebenholz, Elfenbein und Golde auf mancherley Art denken läſst.

So weit wir den Thron aus der bisherigen Beſchreibung kennen, ſo hatte er eine ganz gewöhnliche, nur ſehr verzierte Form. Aber dem-zufolge, was Pauſanias weiter davon erzählt, zeichnete ſich ſeine Geſtalt von der gewöhnlichen ſehr aus. „Zwiſchen den vier Füſsen ſind vier Stäbe, jeder geht

von

d) Pauſ. II, 27.

von einem Fufse bis zum andern*)."
Ungefähr in der Mitte der Länge der
Beine liefen diefe horizontal Stäbe von
einem Fufse zum andern. Aus der
Figur eines Seffels ohne Lehne auf
einem alten Gemählde, und des Throns
auf dem Relief zu Athen*f*) kann man
fich einen deutlichen Begriff von der
Lage folcher Stäbe machen. Man fieht
fie auch an manchen unfrer Stühle, die
im alten Gefchmacke gemacht find.
An die Schwingen des Stuhls ift nicht
zu denken, denn darauf hätten die
vielen kleinern Statuen nicht ftehn
können, welche Paufanias nennt.
„Auf dem Stabe gerade dem Eingang
„gegen

e) Τῶν δὲ ἐκ τοῦ θρόνου μεταξὺ ποδῶν τίσσαρες
κανόνες εἰσι ποδὸς ἐς πόλα δοίκων ἕκαςος.
Statt διώκων mafs man διήκων lefen, wie Sylburg fchon wollte. Das ἐκ vor τοῦ θρόνου
fcheint verfezt und gehört vor ποδὸς.

f) Pitture d'Ercol. T. I. t. XI. Stuart. l. l.
f. auch Winkelm. Monum. Ant. Nro. 102.

„gegen über find nur noch 7 Bilder;
„das achte, weifs man nicht, wie es
„weggekommen ift. Es follen dies
„wohl Darftellungen alter (jezt nicht
„mehr gebräuchlicher) Weltfpiele (von
„Knaben) feyn." (Es waren alfo
lauter jugendliche Figuren von un-
mannbaren Athleten.) — „Auf den
„übrigen Stäben ift Hercules mit feinen
„Gefährten, im Streite mit Amazonen,
„29 Figuren zufammen." Ohne Zweifel waren dies freyftehende Bilder oder
Figuren, die auf die Stäbe geftellt
waren, nicht erhoben gearbeitet auf
der Fläche derfelben, denn wie hätte
fonft eine davon weggekommen feyn
können, wenn fie auf der Fläche feft
war? Barthelemy [g]) vermuthete alfo
mit Recht, dafs es runde Figuren
waren. An einem fo grofsen Throne
war der Raum zwifchen den Füfsen
des

[g]) Voyage ch. 38. und die Note dazu.

des Geftelles fehr weit und leer: zugleich erforderte das drauf liegende Gewicht der coloffal Statue eine fehr fefte Unterftützung. Beydes war die Urfache, warum noch Stäbe, und, wie wir hernach fehn werden, noch vier andre Stützen angebracht waren. Jene nutzte man nun noch, um die Zierrathen recht zu häufen, und befezte fie mit mancherley kleinen Statuen. Es waren deren überhaupt 36. Auf drey Stäben ftanden 29, Hercules, Thefeus, und andre Griechen, welche in das Amazonen-Land gezogen waren, ftreitend mit diefen Heldinnen, alfo waren es Gruppen von Fechtenden. Pirithous, der beftändige Gefährte des Thefeus, der auch den Zug mit machte*), mufs ebenfalls darunter gewefen feyn. Die Gefchichte ift aus Schriftftellern, und ihre Darftellung

*) Paufan. I, 2. et alii.

lung aus mehrern Reliefs auf Urnen
bekannt [f]). Der vierte Stab war mit
Figuren von Knaben, die in den olympischen Wettspielen gesiegt hatten,
besezt. Es war der dem Eingange gegenüber, dem Eingange nemlich in
die Celle, also der vordere. Die
Beine und das Gewand des Jupiters
müssen ihn also nicht ganz bedeckt
haben, sondern es muſs noch Raum
zwischen denselben geblieben seyn, in
dem diese Athleten standen; sonst hätte
man sie gar nicht sehn können. Die
Bemerkung, welche Pausanias über
diese Statuen macht, scheint unrichtig
zu seyn, nemlich so wie man die
Worte gewöhnlich versteht „es sollen
dies Vorstellungen alter Wettspiele
seyn, denn zu Phidias Zeit waren
noch keine für die Knaben festgesezt."
. Corsini,

[f]) Apollod. II, 5. 9. Hygin p. 86. 87. ed.
Munck. ibique Intpp. Diodor. IV. 16.

Corſini, der die Worte ſo auslegte,
fand einen offenbaren Irrthum des Pauſanias darinnen *k*), und er würde ſich
gerade zu auch würklich wiederſpre-
chen, da er ſogleich einen jungen Sieger aus dem Zeitalter nennt, den Pantarces, und mehrere Arten von Wett-
ſpielen für Knaben anführt, die vor
Phidias ſchon eingeführt waren. Ohnehin beſchreibt er im ſechſten Buche
mehrere Statuen ſolcher jungen Sieger.
Könnte alſo wohl Pauſanias eine ſo
auffallende Unwahrheit geſagt haben?
Corſini glaubte deswegen, er ſpreche
blos von einer Art von Spielen, dem
Pancratium, das erſt lange nach dem
Phidias Olymp. 145 aufgekommen ſey.
Aber dies hebt die Schwierigkeit nicht,
denn alsdann könnte Pauſanias nicht
von mehrern Spielen ſprechen, und
dieſe alt nennen; auch bleibt der Einwurf,

k) Faſti Attici, T. III. p. 220.

wurf, dafs Pantarces, der als Knabe Olymp. 86 im Ringen gefiegt hatte, unter die Vorftellungen alter Wettfpiele gerechnet wird, die fchon zu Phidias Zeit üblich waren. Will man dem Paufanias nicht einen Widerfpruch mit fich zu Schulden kommen laffen, fo hat er die Wettfpiele der Knaben in Rückficht auf feine Zeit alt genannt, zu feiner Zeit müffen fie nicht mehr im Gebrauch gewefen feyn; zu Phidias Zeit, meynt er, hatte man noch nichts in Abficht derfelben feftgefezt, nemlich wegen der Abfchaffung derfelben. Ohne Zweifel hatten die olympifchen Spiele überhaupt durch mancherley unglückliche Schickfale Griechenlandes von ihrem Rufe und Anfehn viel verlohren. Eine der Figuren war wie viele andre Athleten vorgeftellt[1], der

---

[1] Unter andern der berühmte Diadumenos des Polyclets. S. Heyne antiq. Auff. II. 257.

Winkel-

der Knabe band sich die Kopfbinde um den Kopf, den Preis seines Siegs. Man sagte, er gliche dem Pantarces, einem schönen Knaben, den Phidias auf eine unerlaubte, bey den Griechen aber gewöhnliche Weise liebte. Einer andern Nachricht zufolge soll auch Phidias den Nahmen seines Geliebten auf den Finger des Jupiters eingegraben haben *m*). Eine ähnliche Statue von eben diesem Meister stand in der Altis, man wuste aber nicht, wen sie vorstellen sollte *n*).

Aufser den Füfsen hatte der Thron noch 4 Stützen. „Es tragen ihn, sagt Pausa-

Winkelmann glaubte, eine Statue in der Villa Farnese sey eine Copie davon. Gesch. d. Kunst, S. 653 Note. Sie ist nicht mehr da. V. Ramdohr über Mahlerey, III. Th. S. 94.

m) Clemens Alex. Coh. ad Gent. p. 47. Barthelemy Voy. ch. 38.

n) Pauf. VI. 4.

Paufanias °), nicht allein die Füfse, fondern auch Säulen, welche den Füfsen gleich, zwifchen ihnen ftehn." Gleich waren fie, glaube ich, in Abficht der Höhe und Zahl, nicht in Abficht der Verzierungen und der Form. Es waren runde Stützen, wir wiffen nicht, aus was für einer Maffe, die, fo wie die Beine bis an die Schwingen ftiefsen, und durch die Querftäbe durchgiengen. Etwas ähnliches habe ich auf alten Denkmählern an einem Throne nicht gefunden.

Ich übergehe jezt das, was in der Befchreibung zunächft folgt, und den Thron felbft nicht angeht, um eine andre Stelle hier anzufchliefsen, welche von demfelben handelt. „Auf den oberften oder höchften Theilen des Throns

o) Ἀνέχουσι δὲ οὐχ οἱ πόδες μόνοι τὸν θρόνον, ἀλλὰ καὶ κίονες, ἴσοι τοῖς ποσὶ μεταξὺ ἴσῃ, κότες τῶν ποδῶν.

Throns hat Phidias über den Kopf des Jupiters, auf der einen Seite die Grazien, zu der andern, die Horen dargestellt, je drey zusammen [p]). Dies hätte freylich in der Beschreibung des Throns unmittelbar folgen sollen; aber Pausanias erwähnte erst der Wand um den untern Theil des Throns, den er bisher beschrieben hatte, und dann kommt er wieder auf den obersten Theil desselben. Dies ist die hohe Rücklehne, Von der hintern Seite des Sitzes nemlich giengen zwey lange Stäbe in die Höhe, über welchen oben ein gerader oder ausgebogener Stab lag. Auf den zwey Ecken oder Spitzen dieser Lehne nun standen die beyden Gruppen, und ragten über dem Kopfe der Statue hervor.

p) Ἐπὶ δὲ τοῖς ἀνωτάτω τοῦ θρόνου πεποίηκεν ὁ Φειδίας ὑπὲρ τὴν κεφαλὴν τοῦ ἀγάλματος, τοῦτο μὲν Χάριτας, τοῦτο δὲ Ὥρας, τρεῖς ἑκατέρας.

vor. Es waren alfo freyftehende Figuren, wahrfcheinlich aus Elfenbein und Golde, die den Jupiter gleichfam umfchwebten, oder als feine Töchter und Dienerinnen ihm zur Seite ftanden. Phidias hatte demnach gut gewählt. Die Horen find, wie Homer dichtete *), die Pförtnerinnen des Himmels, welche die Thore deffelben öffnen und fchliefsen, wenn Jupiter oder Juno den Himmel verlaffen, und auf die Erde fich begeben wollen. Eine der artigften Dichtungen, deren Urfprung deutlicher als der irgend eines andern Mythus aus dem Homer felbft hervorleuchtet. Wenn fich die Wolken zerftreuen, und der reine blaue Aether durchbricht, fo öffnet fich der Himmel; wenn Wolken fich zufammenziehn, fo wird er verfchloffen. Die Wolken find die Thüren, die alfo zurückgefchoben

*) Il. E, 749. 50. 51. Θ. 393. 94. 95.

fchoben werden müffen, wenn Juno aus dem Himmel auf die Erde herabfahren will. Das Oeffnen aber, oder die Erheiterung des Himmels und die Bedeckung mit Wolken wechfelt nicht im Vaterlande Homers fo häufig, als in unferm Clima, im Sommer ift der Himmel ganz rein, gegen den Winter zu wird das Wetter veränderlich. In diefen verfchiedenen Jahreszeiten bemerkte man den Wechfel, diefe Zeiten reinigen und umwölken den Himmel. In der Phantafie und Sprache der Dichter werden fie zu lebendigen Wefen, zu Göttinnen, deren Gefchäft es ift, wie Homer fagt, dicke Wolken, (wie Thüren des Himmels) wegzufchieben und vorzulegen *r*). Zum Gegenftück diefer Gruppe hatte Phidias die der Gratien gebildet, welche auch Töchter Jupiters waren. Theocofmus, von

r) Vergl. die Schrift über Horen und Gratien.

von dem Paufanias eine Statue des Jupiters zu Megara fah, die angefangen und nicht vollendet war, hatte die Möras oder Parcen eben fo auf den Thron oben den Horen gegenüber geftellt *). Vermuthlich waren diefe Gratien des Phidias bekleidet, wie die zu Elis, die er auch verfertigt hatte *), nicht nakt, wie fie in der fpätern Kunft vorgeftellt wurden, und wie fie auf den noch übrigen Denkmählern meiftens erfcheinen *). Dafs die alten Künftler auf die Lehne kleine Figuren fezten, zeigt eine Münze, welche die Ifis

*) Paufan. I. 40. Er erwähnt zwar nicht des Thrones, aber ich wüfte nicht, wo anders diefe Figuren über dem Kopfe geftanden haben könnten.

*) id. VI. 24.

*) Im Boiffard ift eine Ara, worauf fie bekleidet ftehn. Montfaucon Ant. expl. T. I. pl. 109. hat fie daraus copiren laffen. An der Bafe fteht ταῖς χάρισι Λεοντιος. Mehreres f. bey Winkelm. Gefch. d. Kunft, S. 307.

Iſis auf einem Throne darſtellt. Auf
der einen Ecke ſizt ein Vogel, auf der
andern ſteht ein Hirſch ᵛ). Und ich
erinnere mich auf einem alten Monu-
mente auch ein paar Tritonen oben auf
einem Throne geſehn zu haben ʷ).
Weil die Stühle der alten griechiſchen Könige und Königinnen hoch
waren, ſo daſs die Beine des ſitzenden
nicht bis auf die Erde herabgiengen,
ſo wurde ein Fuſsſchemel untergeſezt,
der ihnen zur Ruhe diente ˣ). Dieſer
gehört daher unter die Ehrenzeichen
der königlichen Würde, und dient
zum Kennzeichen von Perſonen dieſes
Standes ʸ). Unter den Füſsen Jupiters,

ᵛ) Zoëga Numi Impp. aeg. Tab. V. p. 83.
ʷ) Winkelm. Monum. Nro. 102.
ˣ) z. B. Hom. Od. T. 57.
ʸ) Auf Reliefs ſieht man dieſe Schemel häufig
unter den Füſsen von Gottheiten und Köni-
gen und Königinnen.

piters, des Königs der Götter, ſtand daher ebenfalls ein ſolcher Fufsſchemel [z]). Er hatte auch ſeine beſondern Zierrathen, goldne Löwen, ſagt Pauſanias; vermuthlich vertraten ſie die Stelle der Beine: und das Gefecht der Athenienſer unter der Anführung des Theſeus mit den Amazonen war darauf in erhobener Arbeit gebildet, nemlich nicht auf der Oberfläche, worauf die Füſse Jupiters ſtanden, ſondern auf den Seiten oder Kanten des Schemels, die alſo wohl von Elfenbein waren. Die Geſchichte hatte wie manche andre Verzierungen, auf den Jupiter keine genaue Beziehung. Phidias ſcheint ſeinen Landsleuten geſchmeichelt zu haben, indem er an einem Kunſtwerke, das

[z] Θρῆνυς heiſst er im Homer, die Attiker nannten ihn θρανίον, ſagt Pauſ. Λέοντας τε χρυσοῦς, καὶ φάτως ἐπειργασμένην ἔχει μάχην τὴν πρὸς Ἀμαζόνας, τὸ Ἀθηναίων πρῶτον ἀνδραγάθημα ἐς οὐχ ὁμοφύλους.

das mehr als irgend ein anderes der
Gegenſtand der Bewundrung von Griechenland war, eine Begebenheit abbil-
dete, auf welche die Athenienſer beſonders ſtolz waren, und die ſie unter
ihre vorzüglichſten Heldenthaten rech-
neten [a]). Deswegen war ſie auch en
relief an der ſüdlichen Mauer der Acro-
polis von Athen vorgeſtellt [b]), und in
der Pöcile oder gemahlten Gallerie und
im Tempel des Theſeus daſelbſt gemahlt [c]). Phidias ſelbſt hatte ſie dem
Schilde ſeiner Minerva zu Athen zur
Zierde gegeben [d]). Aufserdem war

[a]) z. B. in einer Rede bey dem Herodot IX, 27.
[b]) Pauſ. I. 25.
[c]) id. eod. l. 15.
[d]) Plut. in Pericle 31. Plin. hiſt. nat. XXXVI. 5. Pauſ. I. 17. Hier ſagt er, dies Gefecht wäre auf dem βάθρῳ des olymp. Jupiters: ein offenbarer Irrthum, der aus unſrer Stelle verbeſſert werden muſs.

das Gefecht auch fehr vortheilhaft zur Darftellung für den Künftler. Denn, da nicht Männer mit Männern fochten, fondern Weiber gegen Männer ftritten, fo erhielt die Zufammenfetzung mehr Mannigfaltigkeit in Gruppen und einzelnen Figuren, als bey der Behandlung eines gewöhnlichen Gefechts *).

Die Befchreibung des Paufanias, fo weit ich fie bisher erläutert habe, war zwar nicht vollftändig und anfchaulich, aber die Worte felbft waren doch nicht verdorben, und durch Hülfe alter Denkmähler liefsen fie fich gröfstentheils erklären. Nun folgen aber einige Stellen, die durch die Fehler der

*) Le Roy meynte, das eine Relief an der Frife des Thefeus Tempels ftelle das Gefecht mit den Amazonen vor. Monum. de la Gr. P. I. p. 22. P. II. pl. VI. fig. 3. aus Mifsverftand des Pauf, der I, 17. von einem Gemählde, nicht von Relief fpricht. Schon die Zeichnung widerlegt die Meynung.

der Abfchreiber ganz undeutlich geworden find, und Dinge befchreiben, dergleichen fonft nirgends gedacht wird. Die erfte handelt von einer Wand um den Thron herum, die mit Gemählden des Panänus geziert war. Soviel fcheint gewifs, dafs fie auf dem Poftamente, welches die andre Stelle befchreibt, ftand, nicht alfo auf dem Fufsboden der Celle um das Poftament herum, fondern auf diefem umgab fie den Thron. Wie hoch, auf welche Art, und wovon fie gemacht war, das erfahren wir nicht. Es heift: „Dicht „an den Thron kann man nicht hintre- „ten, wie man auch zu Amyclä in „das Innere des Throns nicht kommen „kann" (vermuthlich litt es die innere Einrichtung nicht.) „Zu Olympia „aber ift eine Einfaffung in der Art „wie Wände gemacht, welche es ver- „hindert. Was nun von diefer Ein- „faffung, der Thüre gegen über fteht,

„ift

„ ift blos mit blauer Farbe angeftrichen,
„ das übrige davon zeigt Gemählde des
„ Panänus *f*)." So niedrig diefe Wand
oder

f) Ἐπιλθεῖν δὲ οὐχ οἷον τέ ἐςιν ὑπὸ τὸν θρόνον, ὥσπερ γε καὶ ἐν Ἀμύκλαις ἐς τὸν ἐντὸς τοῦ θρόνου οὐ παρερχόμεθα. Ἐν Ὀλυμπίᾳ δὲ ἐρύματα τρόπον τοίχων πεποιημένα· τὰ δὲ ἀπείργοντά ἐςιν τούτων τῶν ἐρυμάτων. Ὅσον μὲν οὖν u. f. w. So fteht die Stelle in der Kuhn. Ausg. Τὸν ἐντὸς ift fehlerhaft, und mufs τε oder τα εντος gelefen werden, wie Sylburg und H. H. Heyne verbeffert hat. Antiq. Auff. I. p. 4. Note. Dem zweyten Satz, der fo keinen Sinn giebt, kann durch Veränderung der Interpunction geholfen werden. Ἐν Ὀλυμπίᾳ δὲ ἐρύματα, τρόπον τοίχων πεποιημένα, τάδε (nemlich das ὑπελθεῖν) ἀπείργοντά ἐςι. Τούτων τῶν ἐρυμάτων ὅσον μὲν οὖν ἀπαντικρὺ τῶν θυρῶν ἐςιν, u. f. w. Nach diefer Interpunction habe ich die Stelle überfezt, und fo ift die von Kuhn vorgefchlagene Veränderung, ἐυρημάτων oder τερυμάτων ftatt ἐρυμάτων nicht nöthig; fie hilft ohnehin nichts, und ich halte mich bey der Widerlegung nicht auf. Nur eine Schwierigkeit bleibt noch: nemlich III, 18. fagt Pauf. ὑπελθόντι δὲ ὑπο τὸν θρόνον. Alfo

wider-

oder Baluftrade auch gewefen feyn mag, fo mufs fie doch den untern Theil des Throns,

widerfpricht er fich. Heyne ftreicht deswegen das ου in unfrer Stelle vor παρερχομεθα aus, und Goldhagen auch. Kuhn meynte auch fchon, es wäre nach attifcher Manier überflüfsig, oder aus der Endfylbe von θρόνυ das vorhergeht, wiederhohlt. Allein dann mufs και nach ὥσπερ γε auch wegfallen. Denn dies και zeigt eine Aehnlichkeit, welche Paufanias zwifchen beyden an Materie, Form und Arbeit fo ganz verfchiedenen Throneh bemerkt. Ich glaube daher, ου mufs ftehn bleiben. Paufanias aber widerfpricht fich deswegen in beyden Stellen doch nicht. 'Υπελθαν erkläre ich, dicht an oder unter etwas, das hoch ift, wie der Thron war, hintreten. Dem Throne zu Amyclä konnte man ganz dicht beykommen und ganz nahe die Kunftarbeiten dran fehn. Zu Olympia gieng das nicht an. Man kann fich nicht ganz nahe dabey ftellen; aber man konnte eben fo wenig in das Innere des amycläifchen Throns kommen. Ἐς τὸ ἐντός οὐ παρερχόμεθα. Dies fagt mehr als ὑπελθων, und ift nicht gleichbedeutend. Der amyclaifche Thron war der Befchreibung nach

Throns, die Füſse Jupiters und den Schemel verdeckt haben, wenn man das nach ein ganz andres eingerichtetes Werk von viel gröſserm Umfange und andrer Geſtalt als der des Jupiters. Er hatte verſchiedene Sitze inwendig, zu denen der Zutritt unmöglich war. Daſs Pauſanias in dieſem Sinne das ὑπελθαν genommen hat, nicht in dem Verſtande, unter den Thron hinein zu gehn, glaube ich deswegen, weil einem gar nichts dran gelegen ſeyn konnte, unter den olympiſchen Thron zwiſchen den Füſsen und Stützen durchzugehn. Denn da war nichts zu ſehn; wozu ſollte alſo Pauſanias die unnütze Bemerkung machen, es wäre unmöglich, drunter zu kommen?

Noch ein Weg zur Erklärung dieſer Stelle wäre der, daſs man das ὑπελθόντι ὑπὸ τὸν θρόνον III. 18, für eine Redensart anſähe, die weiter nichts heiſt, als an dem untern Theile des amycl. Throns, womit alſo nicht geſagt wäre, daſs man würklich dicht drunter treten, und wie es in unſrer Stelle heiſst, in das Innere kommen könnte. So ſagt Pauſanias I. 24. Ἔς δὲ τὸν ναόν — ἐςιᾶσιν, ὁπόσα ἐν τοῖς καλαμένοις ἀετοῖς κᾶται, πάντα ἐς τὴν Ἀθηνᾶς ἔχει γένεσιν. Τὰ δὲ ὄπισθεν u. ſ. w.

das Kunſtwerk von unten ſah. Aber man hatte auch, wie oben bemerkt iſt, noch mehr Zutritte dazu, nemlich von den Gallerieen oben, und vielleicht meynt Pauſanias die Thüren dieſer Zugänge, welchen gegen über die Wand nur mit einer Farbe angeſtrichen war. Da die alten Mahler auf trocknen oder naſſen Kalk ihre Gemählde in Tempeln, Grabmählern, Häuſern u. ſ. w. mahlten, und der hölzernen Bretter ſich nur zu Staffeleygemähldcn bedienten, ſo iſt zu vermuthen, daſs man die Beluſtrade von Stein gemacht, und übertüncht hatte. Ob ſie aber rund, oder vierſeitig war, wiſſen wir nicht.

Eben ſo wenig giebt Pauſanias an, ob die Gemählde neben einander in Abthei-

ſ. w. Εἰσιοῦσιν heiſst hier weiter nichts, als an der vordern Seite oder Facade des Tempels, ἔμπροσθεν.

Abtheilungen oder Feldern, oder übereinander ftanden. Es fcheint fogar, als führe er nicht alle, fondern nur einige davon an. Sie machen wieder keine zufammenhängende Folge von Vorftellungen aus einer Gefchichte oder Fabel, fondern Panänus nahm willkührlich, und ohne Rückficht auf den Ort feine Gegenftände. Er ftellte fogar auch allegorifche Figuren unter die Vorftellungen aus der Fabel.

1. Nennt Paufanias den Atlas, der den Himmel und die Erde trägt. Neben ihm fteht Hercules, im Begriffe die Laft dem Atlas abzunehmen. Panänus hatte alfo nicht einmahl drauf geachtet, dafs diefe Gefchichte fchon über den Thüren der Celle in erhobener Arbeit abgebildet war. Fremd ift es auch, dafs Atlas nicht allein die Himmelskugel, fondern auch die Erde trug.

2. The-

2. Thefeus und Pirithous. In welcher Handlung oder Unternehmung, verfchweigt Paufanias. Und diefe mufs fie doch kenntlich gemacht haben, es fey dann, dafs die Nahmen beygefchrieben waren, wie auf dem grofsen Gemählde Polygnots zu Delphi, welcher fie gefeffelt in der Unterwelt gemahlt hatte [g]. Von diefem Gebrauche, die Nahmen den Figuren auch auf Gemählden beyzufetzen, haben wir noch ein Beyfpiel unter den herculanifchen [h]. Von Reliefs ift es bekannt genug [i].

3. Hellas

[g] Paufan. X. 29.

[h] Pitture d'Ercol. T. I. T. 1. Pauf. gedenkt VI. 5. noch einer Copie eines alten Gemähldes mit beygefchriebenen Nahmen.

[i] S. z. B. Muf. Pio Clem. T. IV. t. 34. Winkelmann Monum. ant. ined. Nro. 85 u. 115.

O

3. **Hellas und Salamis.** Eine allegorifche Vorſtellung. Beyde als weibliche Figuren gemahlt. Salamis hielt in der Hand den Zierrath der an den Enden der alten Schiffe war, das fogenannte Apluſtre, ἄφλαϛον, deſſen Geſtalt die Abbildung alter Schiffe zeigt. Es ſieht wie ein ausgebreiteter Fittig aus, war von Brettern, und ſteckte auf dem Hintertheile des Schiffes [k]). Perſoniſicirte Provinzen und Städte kennen wir nur von Münzen, Steinen und Reliefs; von den Statuen, deren es bey Griechen und Römern viele gab, ſind keine übrig als die der Dea Roma. Im Pauſanias kommen mehrere vor, Elis z. B. und Hellas mehrmals [l]). Wir wiſſen aber nicht,

[k]) Scheffer de militia navali Lib. II. c. 6.
[l]) Pauſ. VI. 16.

nicht, wodurch die alten Künſtler ihre Statuen von einander unterſchieden. Denn die Kennzeichen, welche in der neuen Kunſt ihnen gegeben werden, die Wappenſchilder, legte man im Alterthum nicht ihnen bey. Auf Münzen und Gemählden lehrte die Innſchrift, was für welche es ſeyn ſollten; vielleicht war dies der Fall auch auf unſerm Gemählde. Die Handlung beyder Figuren, der Hellas und Salamis, iſt nicht ſchwer zu errathen. Bey dieſer Inſel ſiegten die Athenienſer über die Perſer, es ſtand auf derſelben ein Tropäum *m*), das aus den Zierrathen der feindlichen Schiffe errichtet war. Die Figur der Inſel zeigte alſo wohl der Hellas den Schiffs-Zierrath, als das Zeichen des

m) id. 1, 36.

des Siegs, und Panänus wollte diefe von Rednern und Gefchichtfchreibern fo hoch gepriefene That feiner Landsleute auch durch feine Kunft verewigen.

4. Hercules, welcher den nemeäifchen Löwen erwürgt.

5. Des Aiax Frevelthat gegen die Caffandra. Entweder rifs er fie mit Gewalt von der Statue der Pallas, wie mehrere gefchnittene Steine diefe Gefchichte zeigen *), oder er verfuchte die Güte, wie auf einem Relief bey Winkelmann º).

6. Hippodamia mit ihrer Mutter Sterope.

7. Prome-

*) Lippert Daktyl. II. 194. 95. 96, Defcriptive Catalogue of Gems v. Rafpe, Tom. II. pl. LIII.

º) Monum. ined. T. II. Nro. 141. p. 189.

7. Prometheus, mit Feſſeln an den Caucaſus geſchmiedet; Hercules ſieht nach ihm hin. Die Fabel kommt auf mehrern Monumenten vor. Prometheus angefeſſelt allein *p*), und Hercules, welcher den Adler todt ſchieſst, der an der Leber des Prometheus friſst.

8. Pentheſilea die Amazonen Königinn, die in den Armen Achills den Geiſt aufgiebt. Aus einigen Reliefs kann man ſich eine Vorſtellung von dieſer Gruppe machen *q*). Achill hält die ſterbende Heldinn in den Armen, um ſie herum ſtehn mehrere Amazonen zu Pferde, und Griechen. Winkelmann glaubte, ſo hätte Panänus

---

p) Lucerne antiche von Bellori, P. I. 2.

q) idem p. 187. Nro. 139. Auch von Lampen Bellori Lucerne antiche. P. III. Nro. 7 und 8.

nus ebenfalls die Gefchichte gemahlt, dem Paufanias nach fcheint er nur die eine Gruppe dargeftellt zu haben.

9. Zwey Hesperiden mit den goldnen Aepfeln in der Hand, die fie unter ihrer Verwahrung hatten. Ihre Anzahl wurde verfchieden angegeben *r*), daher findet man auch auf Kunftwerken bald mehrere, bald wenige. Fünfe ftanden im Tempel der Juno zu Olympia *s*).

Das lezte Stück von dem ganzen Kunftwerke, das noch zu erläutern übrig bleibt, ift das Poftement, worauf der Thron mit der Statue, und die Wand um denfelben, ftand. Der Anfang der mangel-

r) Euftath. ad Hom. Od. *η*, p. 1572. Heyne not. ad Apollod. p. 414.
s) Pauf. V. 19.

mangelhaften Befchreibung davon gehört zu den verdorbenen Stellen, welche einer critifchen Verbefferung bedürfen. Es ift nothwendig, dafs ich die verfchiedenen Vorfchläge der Gelehrten hier anführe und prüfe, ehe ich den, welcher mir der befte zu feyn fcheint, bey meiner Erklärung zum Grunde lege. Die meiften Verfuche, welche ich kenne, find ohne hinlängliche Sachkenntnifs gemacht. „Auf dem Poftamente, fteht in den Ausgaben des Paufanias'), das den Thron fowohl als den Berg trägt, ift ein andrer Zierrath um den Jupiter. Auf diefem Poftamente find goldne Kunftwerke, der Helius auf einem Wagen, u. f. w. Es fällt jedem gleich in die Augen,

*) Ἐπὶ δὲ τοῦ βάθρου τοῦ θρόνον τε ἀνέχοντος, καὶ ὅρος, ἄλλος κόσμος περὶ τὸν Δία. Ἐπὶ τούτου τοῦ βάθρου χρυσᾶ ποιήματα, ἀναβεβηκὼς ἐπὶ ἅρμα Ἥλιος u. f. w.

Augen, dafs das Wort ὄρος fehlerhaft feyn mufs. Denn fowohl vorher als nachher wird mit keinem Worte eines Berges gedacht, und wo, und wozu follte der auf dem Poftamente geftanden haben? Indeffen könnte man vielleicht auf den Gedanken kommen, Phidias habe den Thron Jupiters auf einem Berge aufgerichtet, da die bekannte Stelle Homers die Idee zu feiner Bildung erweckte. Jupiter fafs damals auf der höchften Spitze des Olymps, als Thetis zu ihm kam, für ihren Sohn den Achill bat, und hier war es, wo Jupiter fich in feiner Gröfse zeigte, deren Würkung Homer fo erhaben fchildert*). Phidias, könnte man denken, ftellte daher feinen Jupiter auf diefem Berge fitzend vor. Allein diefe Erklärung fcheint mir zu fpizfindig, fo wie die Sache felbft eine Künfte-

*) Il. α, 499.

Künfteley gewefen feyn würde, die des Phidias unwürdig ift. Das Ideal eines Jupiters trat vor die Einbildungskraft des Phidias, erweckt durch das Bild Homers, und Phidias fuchte die Macht des Gottes in finnlicher Geftalt auszudrücken, ohne an das Local der Scene zu denken, oder daffelbe darftellen zu wollen.

Alle von Kuhn und Goldhagen vorgefchlagene Verbefferungen des fehlerhaften Wortes ὄρος machen die Stelle nicht verftändlich. Kuhn wollte πρὸς lefen, und dies erklärt er als adverbium, aufserdem, die Fufsbank welche den Thron trägt, wäre aufserdem ein andrer Zierrath des Jupiters gewefen. Man könne auch ἄλλοις ftatt ἄλλος fetzen, aufser andern Dingen. Die leztere Veränderung wäre nothwendig, wenn ἄλλος nicht ganz überflüfsig feyn foll. Allein τὸ βάθρον ift nicht der

Fufsfchemel, von dem Paufanias unmittelbar vorher gefprochen hat, und den er τὸ ὑπόϑημα nennt, fondern das Poſtament. Man fieht, dafs Kuhn keine deutliche Vorſtellung von der Sache hatte, denn wie hätte er fonſt denken können, dafs der Fufsfchemel, der nur die Füfse der Statue ſtüzt, den Thron trage? Und περὶ τὸν Δία kann nicht foviel heifsen als Διὸς, wie er doch überfezte. Endlich vergafs Kuhn ganz das τε hinter ϑρόνον, welches mit dem folgenden καὶ zufammenhängt; Paufanias mufs alfo noch etwas anders genannt haben, welches fo wie der Thron auf dem Poſtamente ſtand. Goldhagen hatte bey feiner Verbefferung eben fo wenig einen deutlichen Begriff von dem, was er den Paufanias fagen läfst. Er überfezt: „an dem „Fufsboden, welcher den Thron trägt, „geht ein Kranz herum, und um den „Jupiter find allerley Verzierungen ange-

„angebracht." Er verändert und verfezt nemlich: ἐπὶ τῶ βάθρω, τῶ θρόνον ἀνέχοντος, ὅρμος καὶ ἄλλος κ. π. τ. Δ. Ὅρμος heifse eigentlich ein Halsband; fo wie aber ζώνη der Gürtel auch einen Kranz um ein Gebäude bezeichne, fo könne ὅρμος wegen der Aehnlichkeit eben dergleichen Zierrath an einer folchen Sache, wie der Fufsboden des Throns ift, anzeigen. Goldhagen hätte eine Stelle im Pindar anführen können, wo es auch von Kränzen gebraucht wird*). Aber die Analogie ift nicht hinlänglich, einem Worte, noch dazu einem eingefchobenen, eine ganz ungewöhnliche Bedeutung zu geben, und Beyfpiele diefer Bedeutung, worauf es ankommt, giebt es nicht. Was Goldhagen fich unter dem Kranze eigentlich dachte, fagt er nicht, vermuthlich eine Einfaffung. Dann dürfte man

*) Pind. Ol. B, 135.

man eher etwa ἑρκος lefen, und dies wäre die vorher befchriebene Wand. Demungeachtet bleibt ἄλλος κοσμος περι τον Δια eben fo undeutlich wie vorher. Glücklicher fcheint mir die Verbefferung des Herrn Facius, der noch mehrere Stellen des Paufanias wieder hergeftellt hat*w*). Sie ift fo äuferft leicht, dafs niemand wohl ihr feinen Beyfall verfagen wird. Denn nur ein Buchftabe des verdorbenen Wortes, und die Interpunction darf verändert werden, ὁρος nemlich in ὅσος, und hinter Δια mufs das Punctum wegfallen. Auf dem Poftamente, welches den Thron fowohl, als was fonft noch vor Zierrathen um den Jupiter find, trägt, auf diefem Poftamente ftehn goldne Bilder u. f. w. Unter den Zierra-

w) In vier Programmen zu den Prüfungen auf dem Coburger Gymnafio. Die Verbefferung unfrer Stelle fteht in dem vierten, p. 5.

Zierrathen verfteht Paufanias wohl
nichts anders, als die Baluftrade.

Von der Form, der Mafse und der
Höhe des Poftaments fagt Paufanias
nicht ein Wort. Dafs es von einem fehr
grofsen Umfange gewefen feyn mufs,
kann man leicht abnehmen, weil nicht
allein der Thron, fondern auch die
Baluftrade um denfelben darauf ftand.
Aber war es vierfeitig, dreyeckig, rund
oder halbrund? denn alle diefe Formen
find denkbar, und aus was für einer
Materie beftand es? So läfst uns auch
Paufanias in Abficht der goldnen Figuren in Ungewifsheit, ob fie erhoben
und in das Poftament eingefezt waren,
oder frey oben darauf ftanden. Denn
die Ausdrücke ποιήματα, und ἐπείρ-
γασαι find zweydeutig, und können
Bildwerk von beyderley Art andeuten.
Indeffen wird eine Gruppe von mehrern Figuren angeführt, nemlich eine

aus

aus der See emporsteigende Venus, die vom Amor empfangen, und von der Pitho bekränzt wird; und diese Gruppe läfst sich nicht sowohl in ganz runder Arbeit, als en relief denken. Zu dem war es Gebrauch des Alterthums, die Postamente vorzüglicher Statuen mit erhobenem Bildwerk auszuschmücken, und dies begünstigt die Vermuthung, dafs auch die von Paufanias hier angezeigten Figuren von Golde in die äufsere Fläche des Postaments eingesezt waren. Es waren sechszehn Figuren überhaupt, Götter und Göttinnen, fast alle solche welche zu dem Götter-Senat gehören, die meisten paarweise gestellt, in einer Reihe neben einander, ohne bestimmte Handlung, so wie sie zum Beyspiel auf alten Altären an einander gereihet stehn *). Paufanias beschreibt sie, wie einer, der eilig etwas aufzeich-

*) Winkelm. Monum. ined. N 10, 5. 6.

zeichnet, oder der das, was ihm zuerst, da wo er steht, in die Augen fällt, anmerkt, ohne den Ort selbst genau zu bestimmen, oder anzugeben, von wo er zu beschreiben anfängt, ob von der rechten oder linken Hand. Nachdem er gesagt hat, dass goldne Bilder auf dem Postamente wären, nennt er gleich eins davon, welches das äufserste an dem einen Ende war, sodann die übrigen, eins nach dem andern, bis er an das andre Ende kommt, wo die lezten Figuren standen. Helius, der Sonnen-Gott war an dem einen Ende, Selene, die Göttin des Mondes an dem andern. Zwischen beyden standen die andern Gottheiten. Demnach scheint es, dass das Postament nicht rund war, sondern die gewöhnliche viereckige Form hatte, und als ob die Figuren alle auf einer Seite des Postamentes standen, wie die Geburt der Pandora auf der Base

der

der Minerva zu Athen auch wohl nur eine, und zwar die vordere Seite eingenommen haben mag. Die an dem Poſtamente zu Olympia war lang genug, um eine ſo groſse Anzahl von Figuren zu faſſen.

Der Helius, den Pauſanias zuerſt nennt, auf dem vierſpännigen Wagen *y*), iſt auf Münzen und andern Denkmählern häufig abgebildet zu ſehn. Soviel ich aber weiſs, iſt dies das älteſte bekannte Kunſtwerk, worauf er erſcheint, und zwar als eine vom Apollo ganz verſchiedene Gottheit *z*),

ſo

y) Ἀναβεβηκὼς ἐπὶ ἅρμα Ἥλιος. Goldhagen überſezte unrichtig, die Sonne, die anf den Wagen ſteigt; er ſollte geſagt haben, die auf dem Wagen ſteht. Cf. Clarke ad Hom. Il. α. 37. Winkelmann Monum. ined. Trattato prelim. p. L. hat die Stelle ganz falſch verſtanden, als wenn Jupiter und die Gratie auf dem Wagen geſtanden hätte.

z) S. hievon die Anmerk. p. 51.

so wie auch Selene oder Luna und Artemis oder Diana in zwey verfchiedenen Vorftellungen auf dem Poftamente dargeftellt waren.

An dem Helius ftanden Jupiter und Juno, neben jenem eine Gratie. Der Künftler hatte nur eine dargeftellt, wie die Dichter, z. B. Pindar *) auch manchmal nur eine nennen. Sie gehört aber in die Zahl der Gottheiten, welche mit dem Jupiter den Olymp bewohnen *b*).

Nächft der Gratie ftand Mercur, und bey diefem Vefta. Dann folgte eine Gruppe von drey Gottheiten, Amor, der die aus der See emporfteigende Venus empfängt, und Pitho, welche die Venus bekränzt. Dies ift eine

a) Olymp. α, 48.
b) Hefiod. Theog. 64.

eine uns fremde Vorstellung, welche aus irgend einer der alten Theogonieen entlehnt seyn muſs. Der Amor oder Eros kann nicht der junge Cupido, der Sohn der Venus, sondern es muſs jener alte Eros, der nach dem Hesiodus zu den ältesten Göttern gehört, gewesen seyn. Selbst der Ursprung der Venus aus dem Meere ist eine Dichtung der ältern Theogonieen, oder bildlichen Vorstellungen von den Kräften und Würkungen der Natur. Dem Waſſer wurde die zeugende oder hervorbringende Kraft beygelegt, weswegen es auch von Dichtern und Philosophen das vorzüglichste Element genannt wird. Der Sinn des ungewöhnlichen Bildes, daſs die Liebe diese Venus empfängt, ist ohne Mühe zu verstehn. Pitho, die Göttin der Ueberredung, Suada oder Suadela nannten sie die Römer, verschafft der Venus den Sieg, und sezt ihr deswegen den Siegeskranz auf.

auf. Sie ift eine der allegorifchen Gottheiten in dem Gefolge der Venus. Alle die Affecte, welche mit der Liebe verbunden find, oder durch fie entftehn, den Himeros, Pothos (das Verlangen, die Sehnfucht), den Jocus und andre, welche in den Gürtel der Venus eingewebt waren *), machen die Dichter zu Gefährtinnen der Venus *). Lucian läfst fie dem Paris verfprechen, dafs fie dies ihr ganzes Gefolge nach Sparta mitnehmen wolle, um ihm den Sieg über die fchöne Helena leicht zu machen *). In ihrem Tempel zu Megara ftanden daher der Pothos, Himeros, Eros und die Pitho von Scopas und Praxiteles verfertigt *). Eine Statue der

*) Hom. Il. ξ, 215 f.
*) Horat. Od. I, 2. 34. 35.
*) in fine dial. jud. Dearum.
*) Paufan. I. 43.

der Pitho war der Venus pandemos im Tempel des Theseus zu Athen beygesellt, der den Dienst diefer Göttin bey den Athenienfern eingeführt haben follte*g*). Winkelmann glaubte fie auch auf einem Relief, das der Duca Caraffa Noja zu Neapel befafs, zu finden *h*). Die Venus zeigt dem Paris, neben dem Amor steht, die bey ihr fitzende Helena. Hinter der Göttin und der Spartanerin fizt auf einer hohen Bafe eine weibliche Figur, über welcher der Nahme ΠΙΘΩ steht, der ΠΕΙΘΩ geschrieben seyn follte. Sie hat einen Modius auf dem Kopfe, und einen Vogel unter der einen Hand, den Winkelmann für eine Taube hielt. Guattani hat ein ganz ähnliches Relief bekannt gemacht,

g) id. eod. l. 22.
h) Monum. ined. Nro. 115.

macht ⁱ), wo aber die für die Pitho gehaltene Figur eine Thurmkrone auf dem Haupte trägt. Dies macht es wahrſcheinlicher, daſs ſie die Stadt Delphi auf beyden Reliefs anzeigen ſoll, wo Paris im Tempel des Apollo zuerſt die Helena geſehn hat. Der alte Nahme von Delphi iſt Pytho, es ſollte alſo die Schrift auf dem Relief ΠΤΘΩ heiſsen.

Die übrigen Figuren auf dem Poſtamente waren Apollo und Diana, die auch auf dem Altar in Winkelmanns monumenti ᵏ) beyſammen ſind; ferner Hercules, und Minerva, ſeine beſtändige Begleiterinn bey ſeinen Unternehmun-

ⁱ) Monum. ined. per l'anno 1785. Maggio T. I.

ᵏ) Nro. 5. und Muſ. P. Clem. T. IV. Tav. B

mungen *l*), Neptun und Amphitrite.
Endlich gegen die Ecke zu war Selene
zu Pferde; wenigftens fah Paufanias
das Thier, worauf fie ritt, für ein Pferd
an. Auch dies ift eine ungewöhnliche
Vorftellung. Denn Luna fahrt immer
auf einem Wagen mit zwey Pferden,
nirgends wird fie reitend vorgeftellt;
auch die Dichter legen ihr immer den
zweyfpännigen Wagen bey, und Paufanias drückt fich fo deutlich aus, dafs
man feine Worte nicht etwa von einem Wagen verftehn kann, wie im
Homer oft die Pferde den Wagen bezeichnen *m*).

Noch

l) Pauf. VI. 19. Es wäre überflüfsig, von
diefer bekannten Sache noch Beyfpiele anzu-
führen.

m) Vergl. Vlfconti Muf. P. Clem. T. IV. p. 31.
Note f.

Noch einige Nachrichten führe ich hier zum Beschlusse aus dem Pausanias an, welche die Statue Jupiters betreffen.

Die Alten hatten verschiedene Mittel gefunden, um dem vergänglichen Elfenbein an ihren Statuen eine längere Dauer zu geben. Es wird von der Luft sehr angegriffen: ist diese zu trocken, so springt oder reist es leicht, ist sie zu feucht, so benimmt sie ihm die Farbe und den Glanz. Gegen beydes machte man verschiedene Vorkehrungen. Wo die Luft trocken war, wie auf der hohen Burg von Athen, da sorgte man, dass immer Wasser in der Nähe der Statue war, oder besprizte sie damit, dafs entweder die Ausdünstungen desselben oder die Benetzung das Elfenbein immer bewahrte. Die Statue des Aesculaps zu Epidaurus und der Thron war über einen Brunnen gefezt, deffen Waſſerdünfte die nöthige Feuchtigkeit der Statue gaben. Pauw*) hielt dies mit Unrecht für Fabel; es muſs die Erfahrung die Alten diefe Mittel gelehrt, und fie müſſen fie bewährt gefunden haben. Denn auch zu Pellene war unter der Bafe der elfenbeinernen Minerva eine Grube, aus der die feuchte Luft in die Statue ziehn follte. War hingegen die Luft fumpfig, wie in der Altis, fo bediente man fich des Oehls, damit das Elfenbein nicht faul und fonft davon befchädigt wurde°). Der Theil des Fuſsbodens um die Statue, sagt

*) Recherches fur les Egyptiens p. 215.

°) Heyne Ueber das Elfenbein der Alten. Neue Bibl. der fchön. Wiſſenfch. XV. B. 2 St.

fagt Paufanias *ᵖ*), war mit fchwarzen, Marmor-Platten belegt (der übrige alfo mit weifsem Marmor.) Um diefen fchwarzen Fufsboden lief rund herum eine Einfaffung von weifsem parifchen Marmor, damit das Oehl, was auf den Boden um die Statue gegoffen wurde, nicht ablaufen konnte.

Im zwölften Capitel gedenkt Paufanias auch noch eines wollenen, gewebten, mit phönicifchem Purpur gefärbten Vorhanges von affyrifcher Arbeit, den Antiochus, (er fagt nicht, welcher) in den Tempel gefchenkt hatte *ᵠ*).

Ich

p) Περιϑᾶ δὲ ἐν κύκλῳ τὸν μίλανα λίϑχ παρία κρηπίς, ἔρυμα ἄναγ τῷ ἐλαίῳ τῷ ἐκχεομένῳ. Man mufs ἐγχεομένῳ lefen, oder ἐπιχεομένῳ, wenn die Statue felbft damit begoffen oder beftrichen worden ift.

q) Ἐν δὲ Ὀλυμπίᾳ παραπίτασμα ἐρεοῦν κεκοσμημένον ὑφασμασιν Ἀσσυρίοις καὶ βαφῇ

Ich habe schon oben *r*) der Absicht
desselben erwähnt; er hieng nemlich
vor der Statue herunter und schützte
sie vor Staube und Unreinigkeit,
weil die mittlere Abtheilung der
Celle oben offen war. In dem grossen
Tempel der Diana zu Ephesus hieng
ebenfalls ein Vorhang, und ein altes
Relief *s*) giebt ein deutliches Beyspiel
von dieser Sitte, den Bildsäulen Vorhänge vorzuziehn. Der zu Olympia
wurde nicht, wie der zu Ephesus, und
wie die Vorhänge unsrer Theater aufgezogen, und war also nicht oben an
dem über die Statue vorspringenden
Dache befestigt, sondern man liefs ihn
mit Stricken auf den Fufsboden herab,
wenn die Statue unbedeckt seyn
sollte,

r) p. 35. 36.
s) Guattani Monum. ined. per l'annó 1786.
Dec. T. III.

follte'), fo dafs er alfo, wenn er nicht aufgezogen war, auf der Erde lag, und nicht wie unfre Theater Vorhänge in der Höhe hieng. Eben dies war die Art, wie der Vorhang in den römifchen Theatern bey dem Anfange des Schaufpiels heruntergelaffen wurde"). Es ift alfo gar nicht daran zu denken, wie Stuart meynte"), dafs der Vorhang das Hypäthron oder den offnen Raum der Celle bedeckt, oder darüber gezogen gewefen wäre, wie die Velaria über die Amphitheater und Theater der Römer. Diefe fcheinen den Griechen unbekannt gewefen, und eine fpätere Erfin-

t) Τοῦτο οὐκ ἐς τὸ ἄνω τὸ παραπέτασμα πρὸς τὸν ὄροφον, ὥσπερ γε Ἀρτέμιδος τῆς Ἐφεσίας, ἀνέλκουσι· καλωδίοις δὲ ἐπιχαλῶντες καθιᾶσιν ἐς τὸ ἔδαφος.

u) Virgil. Georg. III, 25. ibique Heyne.

Erfindung des römischen Luxus und der Ehrbegierde zu seyn. Q. Catulus soll sie zuerst in den lezten Zeiten der Republic aufgespannt haben, als er die grofsen Schauspiele bey der Einweyhung des Capitols gab *w*).

w) Plin. hist. nat. VII. S. 6.